Elsbeth Ebertin.

Praktisches Lehrbuch
der Graphologie und
Charakterbeurteilung

Erkenne Dich selbst!

* Breslau 1913 *
Walter Markgraf.

Preis Mk. 2.—.

Elsbeth Ebertin

Praktisches Lehrbuch der Graphologie und Charakterbeurteilung

Mit 190 Faksimiles.

▭

Fr. Paul Lorenz, Buchhandlung, Antiquariat und
Landkartenhandlung **Freiburg** (Baden)
Belfortstraße 2 (Hotel Freiburger Hof), Fernspr. 1447.
Postscheckkonto 7183 Karlsruhe (Bad.)

Titelzeichnung von Bruno Steigueber.

Inhalt.

		Seite
Die Graphologie als Wissenschaft	. . . .	1
Graphologischer Kursus	. . . .	15
I. Unterrichtsbrief	. . . .	17
II. ,,	. . . .	27
III. ,,	. . . .	43
IV. ,,	. . . .	55
V. ,,	. . . .	65
VI. ,,	. . . .	74
Über 500 aus den Handschriften ersichtliche Eigen- schaften und Charakterzüge	. . . .	113

Die

Graphologie als Wissenschaft.

—⟨•⟩—

Von vielen Lesern und Leserinnen meiner früher erschienenen „Graphologischen Charakterstudien"*) wurde ich wiederholt gefragt, ob ich nicht einmal ein Lehrbuch herausgeben möchte, das gewissermaßen als Schlüssel zu meinen größeren Werken dient, durch das man die wissenschaftliche Graphologie von Grund auf praktisch erlernen könne, um dadurch ein besseres Verständnis für die Charakterbeurteilungen zu gewinnen.

Ich habe mich deshalb entschlossen, den ersten Teil von meinem graphologischen Lehrkursus in sechs unverändert gebliebenen Unterrichtsbriefen, mit denen ich schon oft die besten Erfolge bei aufmerksamen Schülern und Schülerinnen erzielte, herauszugeben, durch zahlreiche Schriftbilder noch etwas weiter auszubauen und das Buch am Ende noch mit einer Aufstellung sämtlicher, aus der Schrift ersichtlichen Eigenschaften und Charakterzüge zu versehen.

Doch bevor ich mit dem eigentlichen Kursus beginne, möchte ich mit wenigen Worten noch einiges über die Wissenschaft selbst sagen.

Von Laien mag wohl die Handschriftendeutung noch heute als Sport oder Spielerei betrachtet wer-

---

*) L. von Vangerow, Bremerhaven.

den, von einsichtigen Gelehrten wird sie längst zu den psycho-physischen Wissenschaften gerechnet. Seit dem 17. Jahrhundert erfuhr sie eine durchgreifende Ausbildung. Lavater, de la Sarthe, Leibnitz, Flandrin und so viele andre Männer studierten viele Jahre verschiedene Handschriften und legten die Ergebnisse in zahlreichen Werken nieder. Die ersten Behauptungen, daß die Handschrift eines Menschen sichere Rückschlüsse auf seinen Charakter zulasse, wie die entsprechenden Forschungen und Veröffentlichungen gelehrter Männer, wurden lange Zeit fortwährend in lächerlich-ironisierender Weise bekämpft.

Im Jahre 1871 gelang es endlich dem französischen Abbé G. H. Michon, die Arbeiten jener ersten Handschriftendeuter zu vereinigen und mit wertvollen Forschungen zu bereichern und zu veröffentlichen.

Binnen 10 Jahren eroberte sich nun diese neugegründete Wissenschaft die Anerkennung des gebildeten Frankreichs. In weiteren 10 Jahren erhielt das Ausland, besonders Deutschland, eine laienhaft oberflächliche Kenntnis von der Handschriftenbeurteilung, trotzdem schon mehrere Jahrzehnte zuvor, am 3. April 1820, Wolfgang Goethe in einem Briefe an Lavater schrieb:

„Darüber, daß die Handschrift des Menschen Bezug auf dessen Sinnesweise und Charakter habe, und daß man davon wenigstens eine Ahnung von seiner Art, zu sein und zu handeln, empfinden könne, ist wohl kein Zweifel; sowie man ja nicht allein Gestalt und Züge, sondern auch Mienen, Ton, ja Bewegung des Körpers als bedeutend, mit der ganzen Individualität übereinstimmend anerkennen muß."

Und Lavater schrieb in einem Brief an Goethe:

"Je mehr ich die verschiedenen Schriften, die mir zu Gesichte kommen, miteinander vergleiche, desto mehr bestärkt sich in mir der Gedanke, daß alle ebensoviele Ausdrücke oder Ausflüsse des Charakters des Schreibers genannt werden können."

Doch trotz solcher Äußerungen berühmter Männer und der weiteren Verbreitung graphologischer Berichte, benahm sich bis zum Ende des 19. Jahrhunderts besonders Deutschland in seinen gebildeten Kreisen spöttisch-ablehnend, da die Augen der offiziellen Universitätswissenschaft nicht geruhten, das Was und Wie der Graphologie einer ernsten Untersuchung zu würdigen, bis endlich der berühmte Berliner Professor Dr. W. Preyer in den Jahren 1894 bis 1895 durch Vorträge und Publikationen öffentlich für die Wissenschaftlichkeit der Graphologie eintrat.

Darüber erzählte seinerzeit Hans Busse, der der Handschriftendeutung in anerkennenswerter Weise die Wege geebnet hat, in den "Internationalen Literaturberichten" folgendes:

"Diese Parteinahme eines als hochverdienstvoll allgemein anerkannten Universitätsgelehrten wirkte epochemachend für die Anerkennung der Graphologie in den gebildeten und Gelehrten-Kreisen des deutschen Sprachgebiets. — Daß Preyers Bedeutung für die Graphologie nicht nur eine autoritative, ihre Anerkennung erzwingende, sondern auch eine sachliche, die exakte Wissenschaftlichkeit der Graphologie fördernde ist, das sei an dieser Stelle noch nebenbei erwähnt.

Somit ist gegenwärtig die Graphologie eines der wissenschaftlich-literarischen Gebiete, welche auf's lebhafteste das debattelustige Interesse der Psychologen, Mediziner, Juristen, Pädagogen — und last not least — der Charaktere schaffenden Dichter erregt und in noch immer stärkerer Weise erregen wird . . ."

Diese Ankündigung hat sich in den letzten Jahrzehnten erfreulicherweise bestätigt, denn noch vor Beginn des 20. Jahrhunderts fanden sich immer mehr Anhänger und Lernbegierige dieser Wissenschaft.

Bald wurden in vielen größeren deutschen Familienblättern interessante Aufsätze veröffentlicht und ein graphologischer Briefkasten zur Benützung des Publikums eingeführt.

Ich selbst habe, während meiner beinahe 12jährigen graphologischen Tätigkeit, in über 30 Tageszeitungen, Familienblättern und Zeitschriften eine graphologische Korrespondenz oder eine Rubrik Charakterbeurteilungen eingeführt und viele tausende Schriften beurteilt. Als ich die vielen Zuschriften aus aller Welt nicht mehr allein bewältigen konnte, überließ ich die Bearbeitung einiger Briefkasten für Tagesblätter meinen besten Schülerinnen und behielt nur die graphologische Korrespondenz für die illustrierten Zeitschriften: Die Bergstadt, Breslau; Der Guckkasten, Berlin; Oesterreichs Illustrierte Zeitung, Wien; Weltvereinszeitung, München; Deutsche Briefzeitung, Leipzig, und für einige Familienblätter.

So erhalten andauernd immer noch allmonatlich über 200 Abonnenten der verschiedenen Zeitungen allein von meinem Institut aus ihr Charakterbild, und wer weiß, wie vielen Menschen noch von anderer

Seite ein Spiegel der Seele auf Grund graphologischer Kenntnisse vor Augen gehalten wird.

Sich selbst von einem Unparteiischen schildern hören, ist ja eben so wichtig, als interessant.

Würden wir uns im gesellschaftlichen Verkehr immer so geben, wie wir wirklich sind, dann wären wir weniger Mißdeutungen ausgesetzt, die Wahrheit, die bis jetzt nur von der Philosophie platonisch geliebt wird, würde sich auf das tägliche Leben übertragen; an Stelle von Heuchelei und Lüge würde das Gegenteil treten.

Das besagt, daß zu unserer richtigen Beurteilung nötig ist, sich ungezwungen zu geben, wie wir es etwa einem guten Freunde gegenüber tun.

Wie im Leben, so auch in der Schrift, zieht die Menge nach außen hin ihr schönstes Sonntagskleid an und viele individuelle Züge werden dadurch verdeckt. Da aber nichts so wichtig zur Beurteilung eines Charakters ist, als gerade diese kleinsten eigensten Züge, muß ein Schriftstück zwanglos geschrieben sein in der Weise, wie man etwa eine flüchtige Tagebuchnotiz einträgt oder einen vertraulichen Brief schreibt.

Öfters hört man bei Betrachtung eines Schriftstückes Aussprüche wie: „eine geniale Schrift“, — „kühn, männlich“, — „dieser Schwung“, — „der Schreiber geht nur ins Große!“ — und anderes.

Das beweist, daß viele oft unbewußt eine Deutung der Schrift versuchen, beweist zugleich auch, daß man den Zügen einen größeren Wert beilegt, als man allgemein glaubt. — Wer sich aber streng wissenschaftlich mit den Deutungen befaßt, wird viele der früher als Laie gegebenen Attribute schleunigst zurückziehen, da eben jene kleinen Merkmale dem ganzen augenfälligen Ansatz ein anderes Gepräge verleihen. —

Ob wir nun mit der rechten oder linken Hand, mit den Lippen oder irgendwie die Feder führen, immer wird die Schrift einen individuellen Ausdruck haben.

In der Schule, wo nach einförmigen Vorlagen geschrieben wird, gleichen sich die Schriften mehr, doch wird man finden, daß schon bei Kindern im gleichen Alter verschiedene Abweichungen zu finden sind. Ein Kind schreibt dünn und zart, eins stark, eins schräg, eins steil, eins setzt die I-Punkte sehr hoch, eins sehr tief und viele sind überhaupt nicht imstande, ganz gleichmäßige Buchstaben nach der Vorlage zu schreiben.

Einige Beispiele Nr. 1 bis 8 mit kurzen Erklärungen mögen beweisen, wie verschiedenartig in der Ausdehnung Knaben- und Mädchenschriften schon ausfallen.

Nr. 1.

Diese ausgedehnte Schrift, deren Schleifenzüge sich ineinander verwickeln, ist die eines 9jährigen Knaben. Sie deutet auf Unklarheit, Mangel an Sorgfalt und auf etwas Widerspruchsgeist.

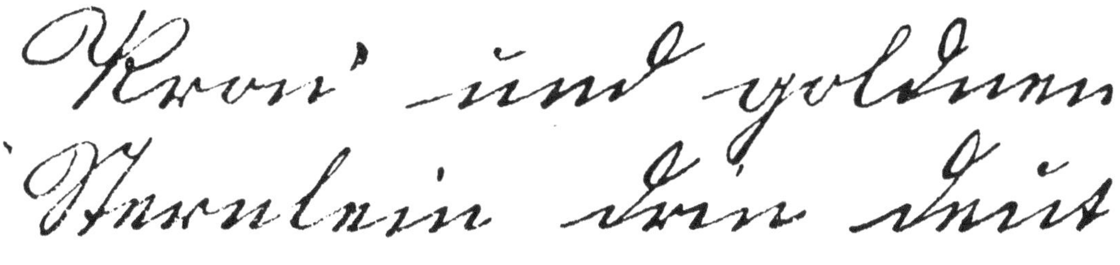

[handschriftlicher Text]

Nr. 2.

Die regelmäßige Schrift stammt von einem kräftigen und gesunden 10jährigen Jungen mit guter, logischer Gedankenverbindung und vorwiegend materieller Veranlagung.

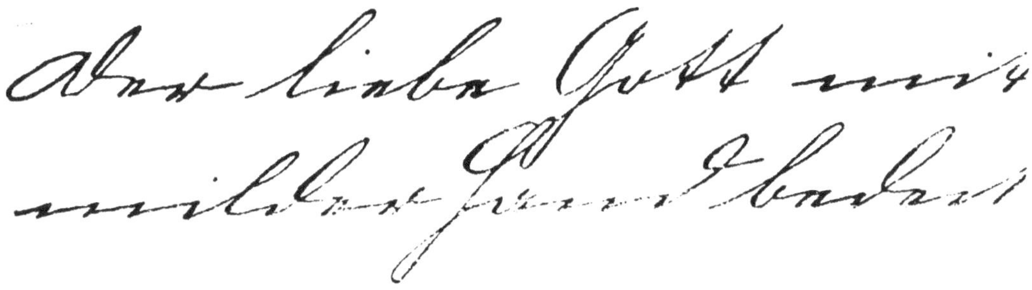

[handschriftlicher Text]

Nr. 3.

Die weitläufige, hübsch gebildete Schrift ist die eines 12jährigen Mädchens, das sehr zur Offenherzigkeit neigt und sehr brav und ordnungsliebend ist.

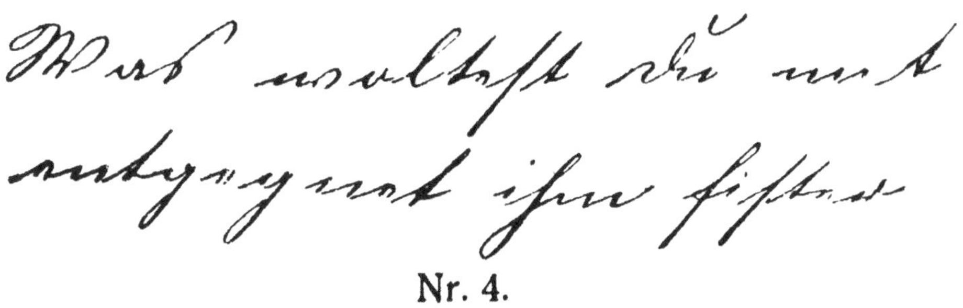

[handschriftlicher Text]

Nr. 4.

Die unverbundenen Schriftzüge stammen von einem nervösen und skrofulösen 13jährigen Mädchen, das sehr sprunghaft in seinen Empfindungen und unfähig zu logischem Denken ist.

[handschriftliche Schriftprobe]

Nr. 5.

Dies ist die unregelmäßige und unsympathische Schrift eines 13jährigen Mädchens, das sehr zur Verschlossenheit und Lüge neigt, — worauf schon die ringförmigen U-Bogen hinweisen.*)

[handschriftliche Schriftprobe]

Nr. 6.

Die zarte, zu sehr nach rechts geneigte Schrift stammt von einer überempfindlichen Kleinen mit großem Zärtlichkeitsgefühl und Anlehnungsbedürfnis.

[handschriftliche Schriftprobe]

Nr. 7.

Die flotte Schrägschrift mit den langen An- und Endstrichen stammt von einer beinahe Vierzehnjährigen, die sehr keck, übermütig, naseweis und vorlaut ist.

---

*) Auf die speziellen Zeichen komme ich im Verlauf des Buches noch mehrmals zurück. Ich wollte nur durch diese Beispiele zeigen, wie schon in den Kinderschriften mancherlei besondere Eigenschaften zu Tage treten.

[handschriftlicher Text:] Knaben ... und jetzt schon in die Höhe gegangen bin. Du fragst in deiner Karte wann ich konfirmiert ...

Nr. 8.

Und diese eigenartige Schrift ist die eines 14 jäh-
rigen Schülers, der schon viel individuelle, geistige
Selbständigkeit besitzt. Folglich gestaltet er seine
Buchstaben um, z. B. „K, H" etc. drucktypenartig.

Je mehr sich der Mensch nun entwickelt, je mehr
er sich auf sich selbst besinnt, also individuell wird,
um so mehr ändern sich die Schriftzüge. Manche
neue Zeichen, kleine Häkchen, Bogen, Schnörkeleien,
eingefügte Eckchen treten hinzu, manche werden
fortgelassen.

Schreibt zum Beispiel ein oberflächlicher Mensch
mit allem Aufwand eigner und fremder Gedanken
einen tiefgefühlten Brief, so läßt sich trotzdem aus
der Handschrift der oberflächliche Charakter herauslesen. Die Grundzüge der Schrift und des Charakters
bleiben eben immer dieselben, mögen sie dem Laien
noch so verschieden erscheinen.

Wie es dem Auge unmöglich ist, die Bewegungen
der Seele zu verbergen, weshalb es ihr Spiegel genannt wird, so ist vor den Blicken der Graphologen
nichts verborgen. Auch Verstellungen werden durch
später hervortretende Ursprünglichkeiten enthüllt.

Von Unwissenden oder auf diesem Gebiet nicht
genügend Orientierten wird zuweilen Handschriftendeutung und Schriftvergleichung verwechselt.
Das sind aber zwei ganz verschiedene Begriffe.

Bei der Handschriftendeutung handelt es sich um die Charakterbeurteilung des Schreibers nach einer unverstellten Schrift, das wird ausdrücklich betont; denn nur in einer solchen kann sich der wahre Charakter eines Menschen widerspiegeln.

Bei der Schriftvergleichung dagegen — zum Beispiel in Beleidigungsprozessen — handelt es sich um die Ermittelung des Urhebers anonymer Briefe, indem das inkriminierte Schriftstück mit Schriftproben verdächtigter Personen verglichen wird.

Nun ist aber ein Schriftsachverständiger, der eine rein äußerliche Untersuchung der Schreibmaterialien vornimmt, z. B. welche Art von Kuverts und Briefpapier benutzt wurde, wie die Anordnung der Adresse beschaffen ist, was man für Federn und Tinte gebrauchte, ob die Schrift aufwärts oder abwärts geht, wie groß die Zwischenräume der Zeilen und Worte sind, kurz, wieviel Ähnlichkeiten die Schreibweise der verdächtigten Person mit dem Urheber des anonymen Schriftstückes hat, — durchaus nicht immer ein Graphologe oder Psychologe, ja, er hat oft nicht einmal eine blasse Ahnung von der Charakterbeurteilung nach der Schrift, weiß nicht, was die speziellen oder individuellen Zeichen bedeuten.

Und doch kam es bei großen Beleidigungs-Prozessen in den letzten Jahren noch so häufig vor, daß die Fehler und Irrtümer, die die sogenannten Schriftsachverständigen vor Gericht begingen, der Graphologie zugeschoben wurden.

So will ich hier gleich betonen: Es braucht nicht jeder Handschriftendeuter oder Graphologe ein Schriftsachverständiger zu sein, aber es wäre gut, wenn jeder Schriftsachverständige sich alle graphologischen Kenntnisse aneignen möchte, um sie in schwierigen Fällen bei der Untersuchung und Schriftvergleichung mit anzuwenden.

Der Breslauer Rechtsanwalt Dr. Erich Bohn, der mit dem Münchener Graphologen Hans Busse vor Jahren ein Buch: Geisterschriften und Drohbriefe herausgab, schrieb einmal in einem Aufsatz: Anonyme Briefe: „Der anonyme Täter pflegt meistens seine Handschrift zu verstellen. Für den Graphologen bietet diese Verstellung ein wertvolles Erkennungsmittel. Indem der Schreiber nämlich versucht, verschiedene Eigentümlichkeiten zu vermeiden, gräbt er sich die Grube. Man merkt seine Absicht, stellt fest, was er durch die Verstellung vermeiden will und hat so den sichersten Anhalt dafür, wie sich die Handschrift in Wirklichkeit stellt. Es ist außerdem unmöglich, die charakteristischen Eigentümlichkeiten der Handschrift zu verstellen. Nur selten kommen solche Schauspieler in der Handschrift vor und auch dann wird der geübte Graphologe hinter der Maske den Schauspieler erkennen." —

Und an anderer Stelle schreibt Dr. Erich Bohn: „Die erste graphologische Untersuchung führt also dazu, das Charakteristische der Handschrift zu erfassen. Jeder Stand, jedes Geschlecht, jede Nation, jede Person und jeder Charakter schreibt anders. Für das geübte Auge steigt aus der Handschrift die ganze Persönlichkeit des Schreibers herauf. Wir wissen, ob die Schrift von einem Bauer, von einem Kaufmann oder einem Soldaten geschrieben ist. Wir können feststellen, ob er ein Melancholiker, ob er jähzornig, ob er verschlagen oder offen ist. Für den Blick des Graphologen bietet die Handschrift keine Geheimnisse." —

Das ist richtig.! —

Um nun recht vielen meiner geschätzten Leser und verehrten Leserinnen zu ermöglichen, immer tiefer in das Gebiet der Graphologie einzudringen, will ich versuchen, in diesem Lehrbuch recht verschiedenartige Schriften zu vereinigen und besonders die speziellen Zeichen erklären.

Natürlich darf nicht vergessen werden, daß das einzelne Zeichen noch wenig Wert hat, es muß erst gegen sämtliche anderen vorhandenen Zeichen abgewogen und mit dem Gesamtbild der zu beurteilenden Schrift in Einklang gebracht werden.

Von dem Vorsatz beseelt, dieses Lehrbuch so einfach und übersichtlich als möglich zu gestalten, glaube ich, daß jeder, der die nachstehenden Beschreibungen und Charakterbilder eifrig studiert, bald einen so guten Blick für die Schrifteigentümlichkeiten gewinnt, daß er imstande sein wird, selbst kleine Charakterskizzen — je nach seiner Beanlagung — zu entwerfen, zum mindesten aber die Haupteigenschaften aus jeder Schrift zu erkennen.

So beginne ich nun mit dem eigentlichen Unterrichtskursus und wünsche allen meinen Schülern und Schülerinnen recht guten Erfolg.

Breslau, im Mai 1913.

Elsbeth Ebertin.

Graphologischer Kursus.

I. Unterrichtsbrief.

Zur Einleitung dieser Briefe möchte ich Ihnen nur kurz erklären, daß die Graphologie die Kunst ist, aus der Handschrift eines Menschen Schlüsse auf seinen Charakter, auf sein Temperament, seine Moral und Willenskraft zu ziehen.

Zur Ermöglichung eines Urteils sind ungefähr 20 Zeilen erforderlich, mit Angabe, ob die Schrift von einem Herrn oder von einer Dame stammt; denn das Geschlecht läßt sich nicht immer aus einer Schrift erkennen.

In unserer Zeit der modernen Frauenbewegung schreiben nämlich viele Damen ebenso kraftvoll und energisch, wie Männer. Und ihre großen festen Buchstaben verraten auch, daß sie an resoluter Tatkraft und Energie dem männlichen Geschlecht nicht nachstehen und längst daran gewöhnt sind, den Kampf mit dem Leben aufzunehmen.

Andererseits findet man mitunter so feinfühlige, verweichlichte oder weibisch veranlagte Männer, deren zierliche Briefe so aussehen, als kämen sie von zartester Damenhand.

So ist es erklärlich, daß nicht das Geschlecht, sondern der Charakter und das Wesen des Urhebers einer Schrift auf graphologischem Wege zu erkennen ist.

Eine kraftvolle, energische Schrift deutet also — ganz gleich, ob von Damen- oder Herrenhand geschrieben — auf eine charakterfeste, entschiedene und willensstarke Persönlichkeit, eine dünne, unsichere oder zaghafte Schrift dagegen auf einen überempfindlichen, leicht beeinflußbaren oder willensschwachen Menschen.

Im allgemeinen vermag wohl ein mit der graphologischen Wissenschaft vertrauter und geübter Kenner einen weiblichen und einen männlichen Schrifttypus leicht zu unterscheiden, da es bestimmte Merkmale gibt, die nur in einer Schriftart vorwiegend auftauchen. Bei Anfängern und Lernenden sind aber doch ohne bestimmte Angabe, ob die Vorlage eine männliche oder weibliche Schrift zeigt, bei der Beurteilung Fehler oder Irrtümer nicht ausgeschlossen.

Einige Schriftproben von männlichen Frauen und weibischen Männern mögen Ihnen zeigen, wie notwendig es ist, vor Beurteilung einer Schrift stets die erwähnte Frage zu stellen.

Nach dem Gesamteindruck der Schriften Nr. 9, 10 und 11 würde jeder Laie diese starken Züge wohl für Männerschriften halten, und die zartere Nr. 12 und die unbeholfene, fast schulmäßige Schrift Nr. 13 für Schriften von weiblichen Wesen, während gerade das Gegenteil der Fall ist.

Nr. 9 ist die Schrift einer sehr energischen Emanzipierten, die ich in meinem Frauenbuche der „Graphologischen Charakterstudien" als Führerin und mutige Kämpferin im Streite um die Gleichberechtigung mit dem Manne ausführlich schilderte.

Nr. 10 stammt aus dem Briefe einer hochintelligenten, geistreichen und vielseitig beanlagten jungen Dame, die sich ein besonderes Vergnügen daraus

macht, recht oft in Hosenrollen, resp. als Herr ver-
kleidet aufzutreten und den jungen Mädchen die
Köpfe zu verdrehen. Die Betreffende hat vorwiegend
männliche oder burschikose Manieren, raucht mit
Eleganz eine Unmenge Zigaretten und ahmt mit sehr
viel Chick und Charme die Art und Ausdrucksweise
eines schneidigen Leutnants nach. Mit ihrem Esprit
und ihrer bezaubernden Liebenswürdigkeit erobert
sie sich die Herzen der Herren und mehr noch der
Damen wie im Fluge. Sie ist aber auch von ihrem
Werte und von der Macht ihres persönlichen Ein-
flusses völlig überzeugt und darum nicht ohne
Eigenliebe und Selbstgefälligkeit. (Zeichen
hierfür sind die großen Hakenendungen, auf die
ich später noch zurückkomme.)

Nr. 9.

Nr. 10.   2*

[handwritten text]

Nr. 11.

Nr. 11 ist die Schrift einer durchaus selbständigen und energischen Dame, die etwas Schroffes, Herbes an sich hat und wenig echt weibliche Eigenschaften besitzt.

Die folgenden Schriften Nr. 12 und 13 stammen von weibisch veranlagten Männern mit leichter Beeinflußbarkeit und Willensschwäche. In Nr. 13 fallen besonders die lang herausfahrenden Endstriche auf, Zeichen von Schwatzhaftigkeit und Offenherzigkeit, die man sonst mehr in weiblichen Schriften ausgeprägt findet.

[handwritten text]

Nr. 12.

Nr. 13.

In einem Artikel: „Der weibliche Mann und die männliche Frau" meiner früher erschienenen „Graphologischen Betrachtungen"*) habe ich dieses Thema ausführlich genug behandelt sodaß die Schriftproben dieser Art hier genügen dürften, um zu zeigen, daß Frauen eine sehr männliche und Männer eine weibliche Handschrift — je nach ihrer Veranlagung — haben.

---

*) Auf Irrwegen der Liebe.

Wenn Sie sich nun ein treffendes Urteil über eine Schrift bilden wollen, um danach den Charakter des Schreibers schildern zu können, so müssen Sie zunächst den Gesamteindruck in sich aufnehmen und die mannigfaltigen Schreibarten unterscheiden lernen.

Ich will Ihnen das Erkennen der verschiedenen Schriftgattungen dadurch erleichtern, indem ich Ihnen möglichst scharfe Kontraste vor Augen führe; zum Beispiel klare und unklare, großzügige und kleine, eng zusammengedrängte, einfache und verschnörkelte Schriften und dergl. mehr.

Die wichtigste Frage, die Sie sich beim Anblick einer Schrift stellen müssen, ist zunächst:

Ist die Schrift klar oder unklar, harmonisch oder unharmonisch?

Nr. 14.

Klar und schön im graphologischen Sinne ist zum Beispiel diese Schrift Nr. 14.

Hier ist genügend Raum zwischen Worten und Zeilen, sodaß keine Berührungen der Buchstaben aus verschiedenen Zeilen vorkommen. Die Schleifenzüge sind nicht verschmiert, nicht zusammen geflossen oder verschnörkelt, wie bei den folgenden Schriften Nr. 15, 16, 19 und 20.

Eine unklare und disharmonische Schrift dagegen ist eine solche, deren einzelne Buchstabenteile durch übermäßige Ausdehnung an mehreren Stellen ineinandergreifen, sich ineinander verwickeln, wie die folgende Schriftprobe.

Nr. 15.

Hier sind die Buchstabenteile, besonders die Schleifen und Endungen am „E" — übermäßig ausgedehnt. Es wird nicht dementsprechend genügend Raum zwischen den Zeilen gelassen, sodaß die Schrift unklar und verworren aussieht.

Die klare harmonische Schrift (14) läßt nun — abgesehen von ihren speziellen Zeichen, die ich erst nach und nach an passender Stelle erkläre — nach dem Gesamteindruck auf einen klar denkenden und maßvollen Charakter schließen.

Die unklare verworrene Schrift Nr. 15 dagegen deutet auf einen disharmonischen Menschen, der Mühe hat, sich selbst zu beschränken, kurz, auf einen konfusen oder unklaren Geist. — Wenn die Ausdehnungen der Buchstaben im Verhältnis zur Raumverteilung so sehr groß sind, wie in diesem Ausschnitt, so ist der Schreiber ein aufgeregter Mensch,

der sich infolge seiner allzu stark entwickelten
Phantasie und Einbildungskraft oder infolge zu viel-
seitiger Interessen häufig in Widersprüche verwickelt,
dem es in jeder Beziehung an klarer Übersicht, an
Mäßigung, Beherrschung und Urteilskraft fehlt.

Eine klare Schrift deutet also auf einen klaren,
harmonischen und friedliebenden Charakter, eine unklare Schrift auf einen unklaren, disharmonischen,
leicht erregbaren und aufbrausenden Menschen.

Natürlich gibt es nun allerlei Variationen von der-
artigen Schriften und es gilt nun weiterhin festzustellen,
wodurch eine Schrift klar oder unklar ausfällt.

Bei den ersten Schriften handelt es sich vorwiegend
um den Abstand der Worte und Zeilen voneinander.
Ich bitte daraufhin auch die verschiedenen Schriftgattungen in meinen Graphologischen Charakterstudien zu betrachten, falls Sie schon im Besitz
dieser Werke sind.*) —

Bei den klaren Schriften ist also genügend Raum
zwischen den Zeilen, daß Berührungen der Ober-
und Unterlängen der Buchstaben mit denen der vor-
und nachstehenden ausgeschlossen sind.

Die unklaren Schriften dagegen enthalten so
starke Ausdehnungen, daß die Worte oft durch die
Unterlängen der vorhergehenden Zeilen hindurch-
geschrieben sind, wie auch bei Nr. 16.

Die Schreiber dieser aufgeblähten, ineinandergreifenden Schriftzüge Nr. 15 und 16 achten eben in
ihrer Zerstreutheit, Gedankenverworrenheit oder Hastig-
keit nicht darauf, ein Berühren oder ein Verwickeln

---

*) Wenn nicht, möchte ich Ihnen spätere Anschaffung
empfehlen, um daraus — nach der Kenntnis aller speziellen
Zeichen, das Kombinieren zu erlernen.

der Buchstabenteile zu vermeiden. Es fehlt ihnen das Augenmaß. Und so, wie in ihrer unklaren Schrift, wirbelt auch in ihren Köpfen alles bunt durcheinander, ohne rechtes Maß und Ziel. Diese Menschen mit ihrem konfusen Geist haben immer mehr vor, als sie in Ruhe und mit Überlegung ausführen können und neigen auch sehr zur Überstürzung. — —

Dies um so mehr, wenn die I-Punkte weit vom Buchstaben fortfliegen, — doch darauf komme ich bei der Erklärung spezieller Zeichen noch zu sprechen.

Nr. 16.

Prägen Sie sich nun in Bezug auf den Gesamteindruck noch die vier nächsten verschiedenen Schriftbilder — zwei klare, harmonische und zwei unklare, verworrene — ein, und betrachten Sie daraufhin einmal die Schriften Ihrer Bekannten.

Nr. 17.

Dear Madam
I take the liberty in
to you. I am just

Nr. 18.

Nr. 19.

Nr. 20.

II. Unterrichtsbrief.

Nachdem der I. Brief vorwiegend von dem Gesamteindruck der verschiedenen Schriften handelte, ist noch zu beachten, daß eine Schrift auch durch Einfachheit und Beschränkung auf die notwendigsten Buchstabenteile klar aussehen kann, oder durch übertriebene Schnörkeleien und Unregelmäßigkeiten unschön oder disharmonisch wirkt.

Die zweite Frage muß also lauten:

Ist die Schrift einfach und regelmäßig oder verschnörkelt und geziert? —

Nach dieser Feststellung vermag man zu erkennen, ob ein Mensch schlicht und einfach im Wesen, oder geziert, phrasenhaft oder großprotzig ist.

Der nächste Briefausschnitt zeigt eine einfache, klare und regelmäßige Schrift, die frei von jeder unnützen Schnörkelei und Verzierung ist.

Nr. 21.

Diese Schrift Nr. 21 deutet auf eine klar und logisch denkende, rechtschaffene und bescheidene Frauennatur, die von einem großen Streben nach treuer Pflichterfüllung beseelt ist. Die Schreiberin ist einfach, offen und wahr, genügsam und anspruchslos, dabei peinlich sauber und gewissenhaft in allem, was sie tut.

Der folgende Briefausschnitt zeigt als Kontrast eine ziemlich verschnörkelte, mehr abgerundete Schrift, in der besonders die bogenförmigen Anfangsstriche auffallen, die besondere Höflichkeit und Verbindlichkeit bekunden. Der Schreiber geht niemals gleich direkt auf eine Sache ein, sondern macht, wie in seiner Schrift — erst allerlei Umschweife.

Nr. 22.

Es ist die Schrift eines Geschäftsherrn, der fortwährend Komplimente macht, allerlei Phrasen drechselt und nicht weiß, wie er sich vor lauter Höflichkeit und Liebenswürdigkeit drehen und wenden soll, um gute Geschäfte zu machen. Dabei achtet er sehr auf den äußeren Schein und auf allerlei Nebensächlichkeiten, sodaß man ihn kurz als einen „Umstandskommissarius" bezeichnen kann.

Noch verschnörkelter und schwungvoller als die Schrift Nr. 22 sind die beiden folgenden Damenschriften, Nr. 23 mit dem spiralenförmigen D

Nr. 23.

und Nr. 24 mit den unschön geformten und übertriebenen Windungen. Diese Damen besitzen
von einem einfachen und gediegenen Geschmack
keine Spur.

Nr. 24.

Sie machen vielmehr in auffallendster Weise,
durch ihre Toilette, wie auch durch ihr ganzes Benehmen, recht viel von sich her, sodaß man die eine
mit voller Berechtigung als „Phrasenheldin" und die
andere als „Meisterin im Flirt" bezeichnen kann.

Wie einfach und schlicht wirken dagegen die Schriften einiger Frauen und Mädchen aus dem Volke, die vorwiegend ihre Arbeit im Kopfe haben und keine Zeit für unnützen Tand verschwenden können. So ist auch ihre Schrift von allerlei unnützem Beiwerk frei. — Auf die kleinen Eigentümlichkeiten und Unterschiede dieser Schriften komme ich später noch zurück, sowie Sie erst den Gesamteindruck richtig erfaßt haben.

Nr. 25.

Nr. 26.

Nr. 27.

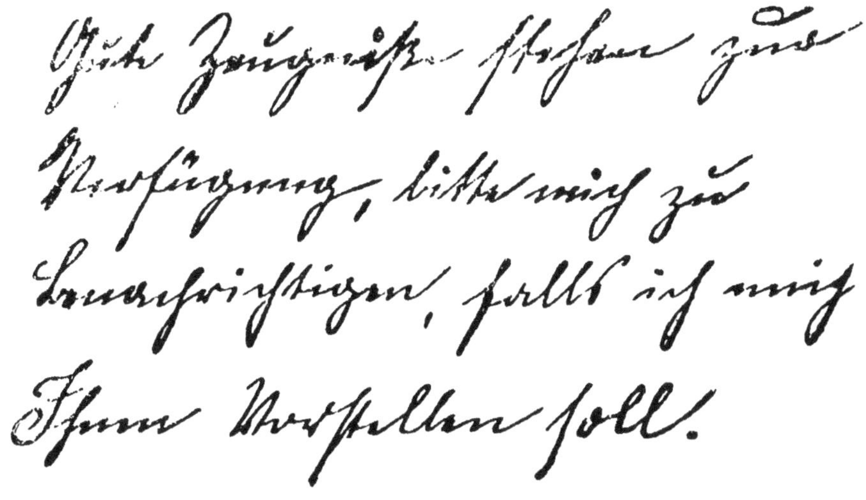

[handschriftlicher Text]

Nr. 28.

Die Herren und Damen, die in ihren Briefen die Anrede sehr oder übermäßig verschnörkeln, wie in den Schriftbildern Nr. 29 und 30, deren Schriftzüge sich mehr nach der Höhe ausdehnen, sind weniger phrasenhaft, als schwärmerisch, begeisterungsfähig im höchsten Grade und leicht enthusiasmiert für alles Schöne in der Kunst und in der Natur.

Nr. 29.

Nr. 30.

Ihre Begeisterung hält nur nicht immer lange an, weil sie ihr Interesse und ihre Aufmerksamkeit zu schnell wieder neuen Dingen zuwenden und unausgesetzt nach Abwechslung und Zerstreuung suchen.

Nach der Einfachheit oder den verschiedenen Schnörkeleien der Schriftzüge läßt sich also im allgemeinen schon feststellen, wie ein Mensch im Umgang ist, ob einfach, bescheiden, still und genügsam, liebenswürdig verbindlich, phrasenhaft, oder gar exaltiert überschwenglich und leicht entflammt.

Nachdem wir nun feststellten, ob eine Schrift klar, oder unklar, einfach oder verschnörkelt ist, sehen wir uns das Größenverhältnis näher an und stellen als dritte Frage auf:

Ist die Schrift großzügig und weit, oder sehr klein und geziert? —

Um zu sagen, ob eine Schrift sehr groß oder sehr klein ist, genügt natürlich ein Blick. Aber — wir haben ferner zu beobachten, wodurch die Größe der Schrift entsteht, ob die Ausdehnung der Buchstaben oberhalb oder unterhalb der Zeilen größer ist oder ob die Buchstaben nach allen Richtungen hin schwungvoll ausgedehnt sind; ferner, ob die kleinen Buchstaben im Verhältnis zu den Großen sehr hoch sind oder sehr niedrig u. dergl. m.

Ein charakteristisches Beispiel einer großzügigen, energischen Schrift ist Nr. 31.

Die Dame ist sehr generös, zielbewußt, und besitzt einen großen Planreichtum.

Ebenso großzügig ist die Schrift der Tänzerin „Saharet", doch bedeutend zwangloser und elastischer. (Im Frauenbuch der graphologischen Charakterstudien Nr. 90 ausführlich erklärt.)

und heißt es dann tüchtig studieren, über's Jahr geht's Engagement!

Nr. 31.

Bei der einen Schrift (Nr. 31) handelt es sich mehr um eine Dame mit großem, zielbewußtem Streben, während die andere Schrift (Nr. 32) gleichzeitig auf große Beweglichkeit des Körpers, auf Anmut, Phantasie, Ehrgeiz etc. schließen läßt.

2 uhr erwarten mit gruss Clarissa Saharet

Nr. 32.

Auch die folgende Schrift Nr. 33, wie die später erklärten Schriftbilder Nr. 75, 92, 93 — gehören den Menschen an, die eine lebhafte Phantasie und Einbildungskraft, einen weiten Gesichtskreis und viel

Schaffensfreudigkeit haben, die hohe Bestrebungen
und Ziele verfolgen und ihr Leben gern nach ihren
Idealen gestalten möchten.

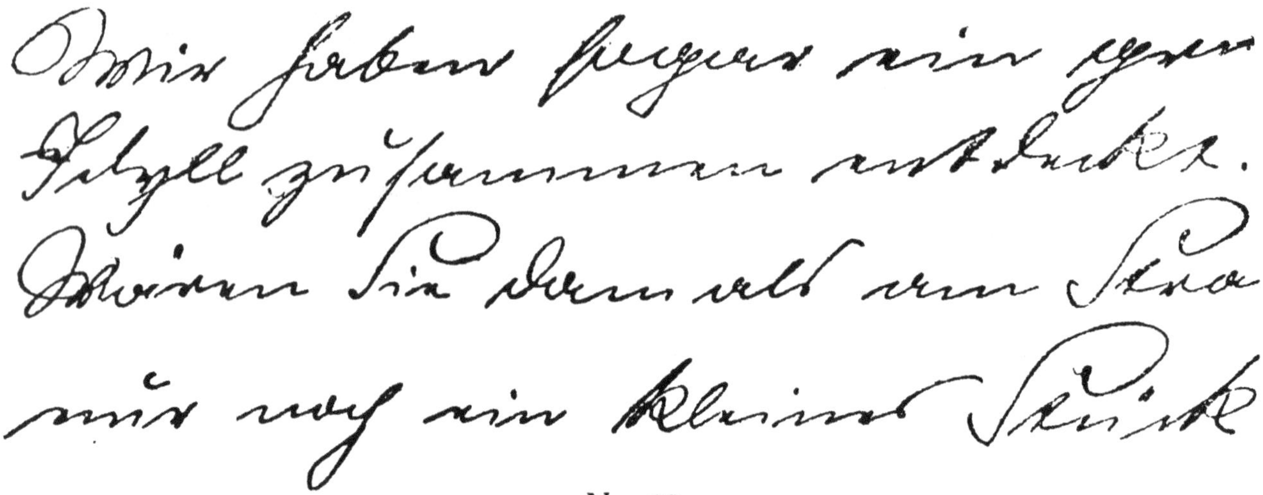

(handschriftlicher Text, unleserlich)

Nr. 33.

Auch die nächste Schrift fällt besonders durch
ihre außergewöhnliche Größe ins Auge, deutet aber
durch ihre wuchtigen Unterstreichungen schon mehr
auf Prunksucht und Luxusliebe. Wie schon

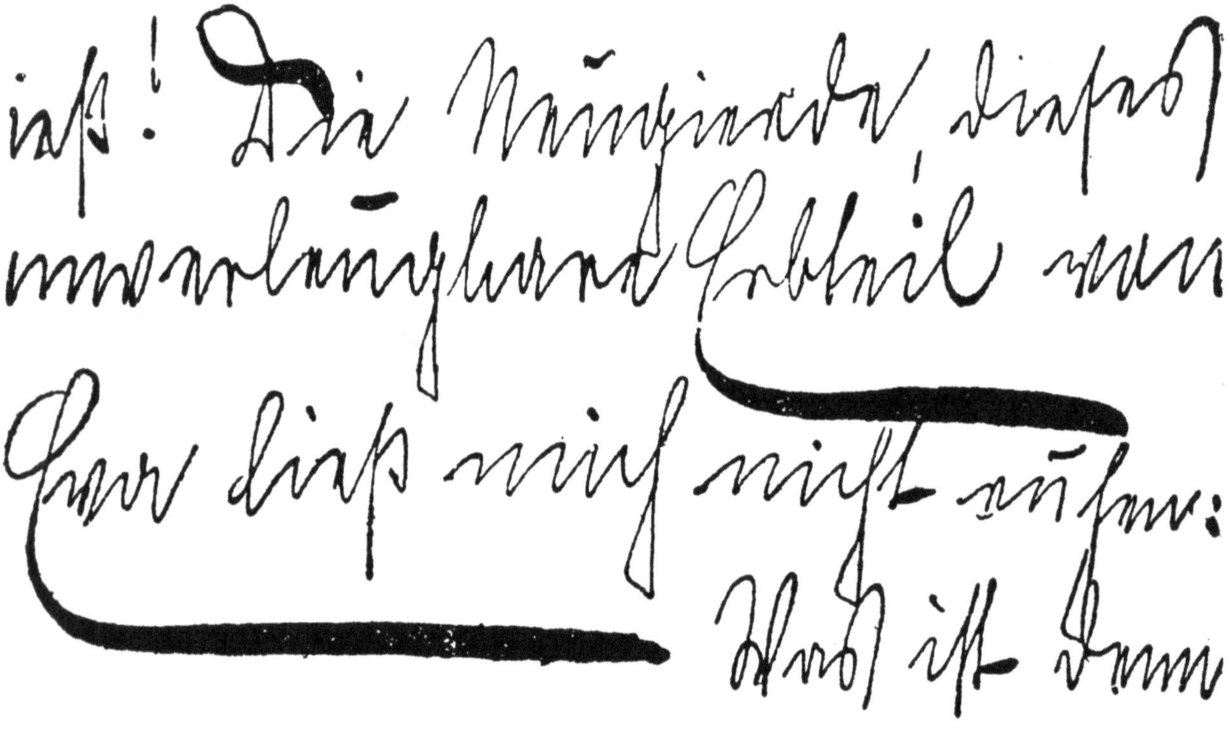

(handschriftlicher Text, unleserlich)

Nr. 34.

durch die Eigenart ihrer Schrift will die Dame auch in jeder anderen Beziehung, sei es durch schöne Kleidung, durch Beteiligung am modernsten Sport oder durch allerlei Künste imponieren. Auf jeden Fall möchte sie als Verehrerin alles Schönen mehr sein oder mehr können, als andere, wenn sie auch deshalb nur Dilettantin bleibt. Der ganze Schrifttypus deutet also mehr auf Effekthascherei und Salonliebenswürdigkeit.

Nr. 35.

Nr. 36.

Nr. 37.

Wenn die Kleinbuchstaben im Verhältnis zur ganzen Schrift sehr hoch sind, so kann man mit Sicherheit annehmen, daß die Schreiber oder Schreiberinnen solcher Buchstaben an vornehme oder bessere Verhältnisse gewöhnt sind und nicht nötig haben, niedrige Arbeiten zu verrichten. Mädchen und Frauen mit so hohen Kleinbuchstaben haben wenig Sinn für die einfachen häuslichen Obliegenheiten, für die sie ihre Dienstboten zur Verfügung haben, umsomehr aber Interesse für Luxus, Pracht und Sport.

Den letzten Schriften Nr. 35 bis 37 sieht man gleich an, daß sie von jungen Damen der besseren Kreise geschrieben sind, die es nicht nötig haben, sich einzuschränken oder im Schweiße ihres Angesichts ihr Brot zu essen.

Als Kontrast zu diesen vergleichen Sie nun noch einmal die vorher abgebildeten Schriften der Frauen und Mädchen aus dem Volke, sowie die weiteren Schriftproben Nr. — 85, 86, 87, 98, dann werden Sie wohl verstehen, daß man tatsächlich aus der Schrift auch den Stand, den Bildungsgrad und die wichtigsten Interessen der Schreiber und Schreiberinnen zu erkennen vermag.

Nr. 38.

Wenn eine Schrift erst weit ausgedehnt ist, am Schluß der Zeile aber plötzlich eng zusammengedrängt wird, so deutet das auf Sparsamkeit am unrechten Orte. Die so Schreibenden geben erst ohne Berechnung der vorhandenen Mittel gar zu leicht das Geld aus, und sowie sie dann Ebbe im Portemonnaie verspüren, fangen sie an zu sparen und zu knausern, wo es am wenigsten angebracht ist.

Aus dem Schriftbild Nr. 38 geht deutlich hervor, daß die pekuniären Verhältnisse nicht im Einklang mit den Wünschen und der großzügigen Veranlagung der Schreiberin stehen, so gibt sie an der einen Stelle zuviel aus und versucht sich dann andererseits wieder einzuschränken. Es mangelt ihr in jeder Beziehung am rechten Einteilungssinn.

Nr. 39.

Wenn die Buchstaben im Verhältnis zur Größe der Schrift gar zu eng zusammengedrängt sind, so verraten sie, daß der Schreiber nur an sich und seine Interessen denkt, daß er für seine Mitmenschen wenig übrig hat, ja, sogar kaltherzig, hart und lieblos ist. Die Stärke dieser hohen zusammengedrängten Buchstaben deutet auch auf viel Widerstandskraft, Strenge und Unbeugsamkeit.

Wenn ein Mensch einmal klein und einmal groß schreibt, je nach dem ihm zur Verfügung stehenden Raum, so besitzt er viel Anpassungsvermögen und versteht sich in jeder gegebenen Situation vorzüglich zurecht zu finden.

Dann kann er, — wenn er viel hat, — sehr generös und freigebig bis zur Verschwendung sein, aber wenn es sein muß, auch mit wenigem auskommen.

Großzügige Schriften, die nicht so eng zusammengedrängt sind wie Nr. 39, deuten gleichzeitig auf Weitherzigkeit und auf eine tolerante Gesinnung, während kleine, enge Schriften mehr auf einen engen Gesichtskreis schließen lassen, aber auch, wenn sie hübsch gebildet sind, wie die Schriften Nr. 40—42, auf Sinn für ein trauliches Familienleben und Behaglichkeit.

In diesen Schriften, die von getreuen Beamten und fürsorglichen Familienvätern stammen, prägt sich ganz besonders der Sinn für eine gemütliche Häuslichkeit und für ein emsiges Wirken und Schaffen im kleinen Kreise aus. Die Schreiber besitzen viel Ordnungsliebe, Gewissenhaftigkeit, genaueste Berechnung und Sparsamkeit, sind allerdings auch nicht ganz frei von Pedanterie, weil ihnen eben die großzügige Lebensauffassung fehlt.

Nr. 40.

Nr. 41.

[Handschriftliche Notiz]

Nr. 42.

Die Kleinschreiber sind gewohnt, mit geringen Mitteln auszukommen und sich ihren Verhältnissen entsprechend einzurichten. Sie besitzen aber auch viel Scharfsinn, gute Beobachtungsgabe und — kritisieren gern. Manchmal wird ihr Kritiksinn aber auch zu kleinlicher Nörgelei, unter der die Umgebung viel zu leiden hat. Sie können nur mit sehr korrekten, gewissenhaften und sparsamen Hausfrauen gut auskommen.

Ist eine Schrift gar zu eng zusammengedrängt, ohne Lücken zwischen Wörtern und Zeilen, dann ist nicht nur auf Engherzigkeit und Sparsamkeit, sondern auch auf Filzigkeit und Geiz zu schließen.

Während der Verschwender oft nur zwei bis drei Worte in großen Zügen auf eine Zeile wirft, so trachtet der kleinlich Berechnende oder Geizige danach, nicht viel Platz auf dem Papier zu verlieren, möglichst jedes Fleckchen auszunützen, falls er überhaupt viel schreibt.

Wie in einer großen Schrift durch einzelne zusammengedrängte Endsilben der Zeilen gelegentliche Sparsamkeit, Einschränkung oder momentane Geldverlegenheit angezeigt ist, wie in Nr. 38, so kann in einer ziemlich kleinen Schrift auch Anlage zur Verschwendung und Freigebigkeit durch spezielle Zeichen zum Ausdruck kommen, wenn die

Zeilen nicht vollgeschrieben sind oder wenn die Wörter im Verhältnis zu ihrer Größe zu weit auseinanderstehen. -- Hier noch ein Beispiel.

Nr. 43.

Die einzelnen Buchstaben sind doch ebenso klein, wie die in den Schriften der sparsamen und fürsorglichen Menschen, aber die Lücken zwischen den einzelnen Wörtern sind oft größer, als manche Silben. Diese Schreibart hebt natürlich, trotz der kleinen Buchstaben, die Bedeutung der Sparsamkeit auf.

Hier bezieht sich die Raumverteilung der Schrift mehr auf ein Streben nach klarer Übersicht in allen Dingen, auf Scharfblick, Kritiksinn, Schlauheit, Finesse und Diplomatie.

Der Betreffende ist zwar — trotz der Lücken zwischen Worten und Zeilen — durchaus kein Verschwender oder freigebiger Mensch, der für andere viel übrig hat, wie die mit großzügigen Schriften, aber — er denkt auch nicht ans Sparen, wie die Menschen mit kleinen und eng zusammengedrängten Buchstaben.

Er verbraucht vielmehr sein Geld vorwiegend für seine persönlichen Bedürfnisse, da er ein großer Genußfreund und Feinschmecker ist. Diese Eigenschaft ersieht man aus der Dickflüssigkeit der Schrift, auf die ich später noch zu sprechen komme.

Ich wollte Ihnen nur durch dieses Beispiel zeigen, daß es selbst bei Beurteilung nach der Größe und Ausdehnung einer Schrift auch gilt, stets richtig zu kombinieren und die feinen Unterschiede mit in Erwägung zu ziehen, die Sie natürlich erst nach und nach durch praktische Übung und Erfahrung herausfinden werden. Oft sind ja auch die stärksten Widersprüche in der Schrift eines Menschen, wie in seinem Charakter enthalten, zum Beispiel Güte und Strenge, oder Geiz und Verschwendung.

Wie mancher Mensch wird auch irrtümlich einmal nach flüchtigem Eindruck für einen Geizhals gehalten, wenn er zum Beispiel in öffentlichen Lokalen einmal mit den Pfennigen rechnet oder nicht gerne „Trinkgelder" gibt, während er an anderer Stelle nichts weniger als sparsam ist. Viele haben auch nur eine offene Hand für die, die sie lieben, andere wieder geben nur Geld aus, um ihre Eitelkeit zu befriedigen, um nach außen zu glänzen, um zu repräsentieren, und legen sich an anderer Stelle wieder die größten Entbehrungen auf. Und wie mancher Mensch darbt sich die Bissen vom Munde ab, um sich irgend einen besonderen Wunsch zu erfüllen oder um anderen Freude zu machen. So sind Sparsamkeit und Freigebigkeit, Verschwendung und Geiz oder Großprotzentum und Knickrigkeit nicht selten in einem Charakter vereint. Man muß nur die Augen offen behalten, um die Eigenschaften zu erkennen, und die Menschen nicht nur einseitig beurteilen oder auf das hören, was andere von ihnen sagen.

Die Urteile der lieben Mitmenschen, die den Nächsten von ihrem Gesichtspunkt aus beurteilen, sind oft weit entfernt von der Wahrheit. Nur die

Handschrift allein vermag den richtigen Maßstab für die Charakteranlage zu geben.

Betrachten Sie nach diesen Schilderungen einmal die Schriften Ihrer Bekannten, ob sie groß oder klein, weit oder eng sind, lassen Sie dann die Betreffenden vor ihrem geistigen Auge Revue passieren, stellen Sie Vergleiche an und notieren Sie sich, was Ihnen im Wesen und in der Verkehrsart der Schreiber besonders auffällt, dann werden Sie bald den richtigen Blick für alle graphologischen Zeichen haben und die Menschen nicht nur nach der Theorie, sondern auch praktisch beurteilen lernen.

III. Unterrichtsbrief.

Nachdem Sie jetzt alles über die Klarheit, Un-klarheit, Größe und das wichtigste über den Gesamteindruck einer Schrift wissen, ist es not-wendig, sich jetzt die Buchstabenverbindung genau zu betrachten, um die drei Hauptarten und ihre Abweichungen unterscheiden zu lernen:

1. die scharfkantige oder eckig verbundene Schrift mit dem regelmäßigen Wechsel von Haar- und Grundstrich, nach den üblichen Vor-lagen in der Schule;
2. die an der Linienbasis abgerundete Schrift, die wir girlandenförmig nennen;
3. die oben gewölbte oder arkadenförmige Schrift.

Ausführliche Schilderungen dieser Hauptarten und ihrer Bedeutung sind in meinen verschiedenen graphologischen Werken enthalten, sodaß ich mir, um mich nicht mehrmals zu wiederholen, an dieser Stelle nähere Erklärungen ersparen möchte.*)

---

*) Wer noch nicht genügend orientiert ist, erhält zur Ergän-zung mit Berufung auf dieses Lehrbuch eine kleine Broschüre: Graphologische Betrachtungen direkt von der Verfasserin zum Vorzugspreise von 75 Pf. Adr.: Institut für wissenschaft-liche Handschriftendeutung. Breslau XVI, Piastenstr. 27.

Verschiedene Buchstabenverbindung.

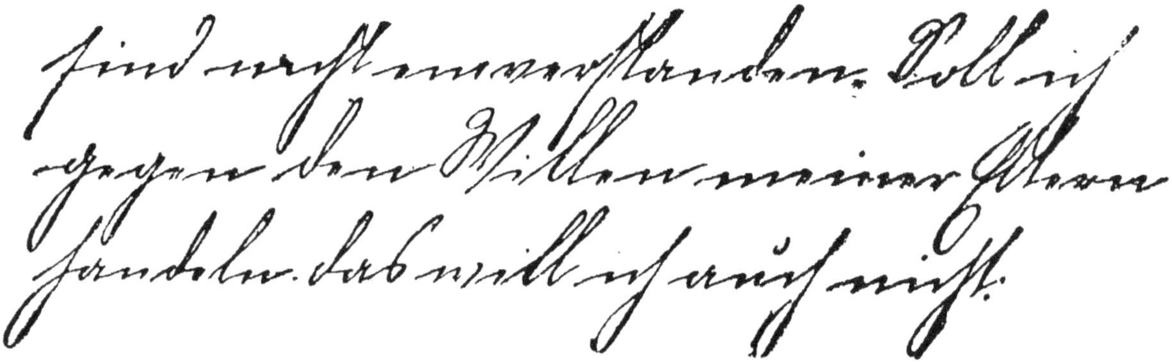

Nr. 44. Scharfkantige Schrift.

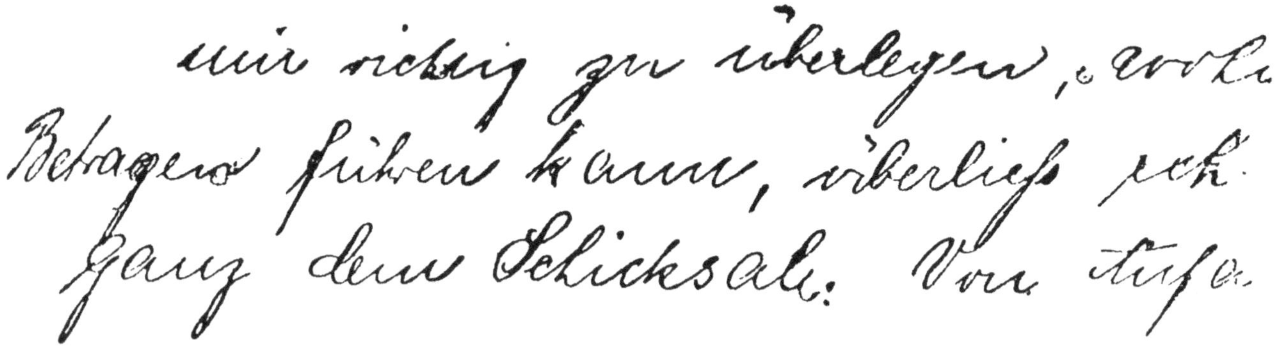

Nr. 45. Girlanden-Schrift.

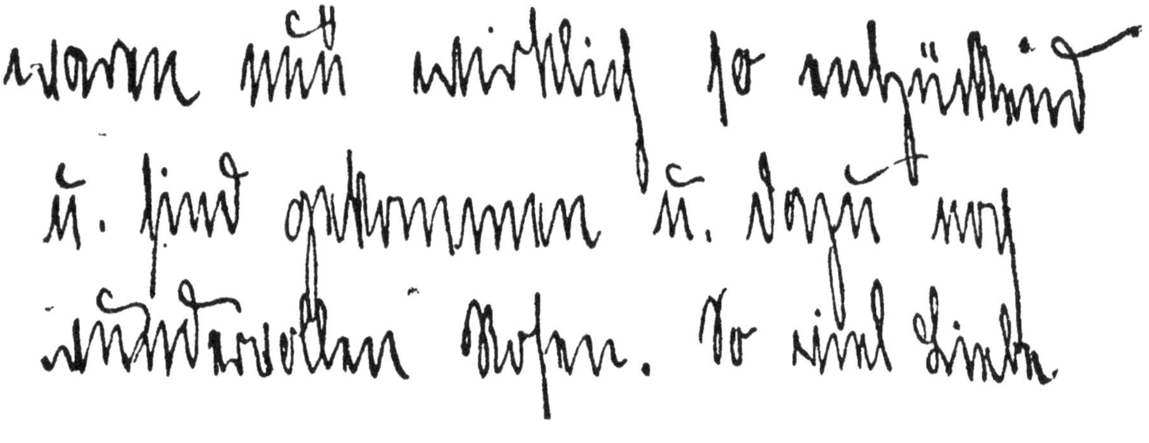

Nr. 46. Arkadenschrift.

Die schablonenmäßige, eckige Schrift deutet auf eine geistig noch unselbständige, aber sehr gewissenhafte Natur, die zäh und beharrlich an dem einmal Erlernten und Altherkömmlichen festhält und keine eigenen Ideen hat.

Aus diesen schulmäßigen Schriften läßt sich wegen ihrer Ausdrucksunfähigkeit nur wenig Charakteristisches erkennen, da die so schablonenhaft Schreibenden eben keine individuelle, geistige Eigenart besitzen, in keiner Weise den üblichen Durchschnitt überragen, also ziemlich nichtssagend sind.

Beim Anblick solcher schulmäßigen Schriften kann man vom graphologischen Standpunkt aus eben nur die Buchstabenverbindung, die Raumverteilung und Lage der Schrift in Betracht ziehen und demnach auf ein gleichmäßiges, aber nicht anpassungsfähiges und nachgiebiges Wesen schließen. Die Schreiber und Schreiberinnen der eckig verbundenen und korrekten Schriften von Nr. 44, 73 u. a. achten auch sehr auf strenge, konventionelle Sitten und auf das, was die Leute sagen. Sie sind auch nicht tolerant und vorurteilsfrei, sondern besitzen viel parteiliche Selbstsucht, weil sie unfähig sind, einmal etwas, über der Situation stehend, rein objektiv zu betrachten. Sie gehen stets nur von ihrem einseitigen Standpunkt aus, und vermögen nie den Individualitäten, die anders als sie geartet sind, vollkommen gerecht zu werden.

Die Schreiber der girlandenförmigen Schriften dagegen besitzen einen in fortwährender Weiterentwickelung begriffenen Geist, eine große Gefühlshingabe, Herzensgüte und leichte Beeinflußbarkeit; namentlich, wenn die Schrift auch nach rechts geneigt ist. Eine steile Lage girlandenförmig abgerundeter Buchstaben, wie Nr. 59, 65 und 66, hebt aber die Bedeutung zum Teil wieder auf. Davon im nächsten Abschnitt.

Wenn eine lateinische Schrift, wie Nr. 45, die doch oben gewölbt sein müßte, an der Linienbasis abgerundet, also girlandenförmig ist, dann fällt das doppelt ins Gewicht. Diese Schreibart deutet dann schon mehr auf Gefühlsduselei und Willensschwäche. Die Schreiberin gibt sich zu sehr ihren Empfindungen hin. Ist aber eine deutsche Schrift oben gewölbt, wie im Lateinischen, dann verrät sie viel Liebenswürdigkeit und Sinn für vornehme gediegene Allüren. Aus den übrigen Zeichen einer Arkadenschrift läßt sich dann feststellen, ob die Liebenswürdigkeit von Herzen kommt, ob sie anerzogen oder gar nur Heuchelei und Schein ist.

Im allgemeinen wollen die Schreiber und Schreiberinnen von Arkadenschriften stets für besser gehalten werden, als sie sind.

Die Schreiberin des Briefausschnittes Nr. 46 ist eine wohlerzogene junge Dame, die stets den guten Ton beachtet und in Gesellschaft äußerst liebenswürdig und anmutig ist. Man wird ihr immer die gute Erziehung anmerken.

Eine so gleichmäßige Buchstabenverbindung ist aber selten in einer Schrift korrekt durchgeführt. Es kommen in den drei Hauptarten noch allerlei Variationen oder Abweichungen vor und man muß nun unterscheiden lernen, welche Formen, Rundungen oder Ecken vorherrschend sind.

Wenn gleichzeitig scharfe Ecken und Rundungen in einer Schrift enthalten sind, dann werden im Charakter des Schreibers Strenge und Güte harmonisch vereinigt sein. Dann wird er, je nach seiner Stimmung, einmal fest und entschieden auftreten oder mehr zur Nachgiebigkeit geneigt sein. Eine ungleichmäßige Buchstabenverbindung deutet auch auf viel innere Unruhe und auf eine ungleichmäßige Stimmung.

So tritt zum Beispiel in der schrägen Arkadenschrift eines liebenswürdigen Schwerenöters durch die ungleichmäßige Höhe der Buchstaben auch sehr viel innere Unruhe, Impulsivität und hochgradige Erregung hervor.

Nr. 47.

Macht aber eine Arkadenschrift, die doch im allgemeinen Sinn für schönes Äußere verrät, durch eine gewundene Zeilenführung und unregelmäßigen Druck einen so abschreckend häßlichen und ordinären Eindruck wie Nr. 48, dann kann von Eleganz und Wohlerzogenheit natürlich keine Rede mehr sein. Die Wölbungen verraten auch hier, daß die Schreiberin Wert auf den „äußeren Schein" legt und für etwas Besseres gehalten sein möchte, als sie ist. Sie kleidet sich vielleicht Sonntags auch einmal ganz nett, — trotzdem es ihr an gediegenem Geschmack fehlt, —

Nr. 48.

aber im Grunde ist sie doch eine liederliche und schmutzige Natur, von der man ohne weiteres sagen kann: „Oben Heu, unten Pfui!"

Nr. 49.

Auch die Arkadenschrift Nr. 49 wirkt nicht gerade angenehmer, wenn die Schreiberin auch mehr Bildung besitzt, viel energischer und sicherer auftritt, was aus der gleichmäßigen Stärke der Schrift ersichtlich ist. Beide Urheberinnen dieser Schriften nehmen es aber mit Moral und Sitte nicht so genau und verstehen sehr gut Komödie zu spielen und stets den Mantel nach dem Winde zu hängen. Sie sind also mehr liebenswürdig aus selbstsüchtigen Motiven.

Als Kontrast zu diesen Arkadenschriften betrachten Sie nun einmal diese scharfkantige, eckige und aus geschriebene Herrenschrift Nr. 50, die natürlich nichts mit einer eckig verbundenen Schulschrift mehr gemein hat, sondern sehr viel individuelle Züge, zum Beispiel Buchstaben ohne Endungen und sehr hoch gesetzte Querstriche enthält.

Nr. 50.

Diese Schrift deutet auf ein herrisches, festes, selbstbewußtes Wesen, auf eiserne Energie und Willenskraft. Dieser stark ausgeprägte Charakter scheut vor keinem wichtigen Entschluß zurück, sondern geht mutig und energisch auf sein Ziel los und nimmt auch den Kampf mit Schwierigkeiten auf. Der Herr ist kurz und bündig, oft auch in mürrischer Stimmung, und schroff und hart zu seinen Untergebenen. Auch in Gesellschaft ist er kein Freund von Schmeicheleien — wie die Herren mit Arkadenschriften Nr. 22 und 47, sondern rücksichtslos offen und wahr, ernst in seiner Lebensanschauung und sehr konsequent.

Wenn nun gar in einer lateinischen Schrift, die doch nach der Kalligraphie arkadenförmig sein müßte, lauter spitze Winkel und Ecken, anstatt Wölbungen vorkommen, so verrät diese Schreibart gerade das Gegenteil von dem, was eine deutsche Schrift offenbart, wenn sie unwillkürlich abgerundet ist, nämlich: Unliebenswürdigkeit, Schroffheit, Schärfe und Unbiegsamkeit.

Nr. 51.

Bei der Schrift Nr. 51 sind die Buchstaben nicht nur scharf zugespitzt, sondern jeder einzelne Haarstrich ist, anstatt von unten heraufgezogen, gleich oben am vorhergehenden Grundstrich angesetzt. Diese Schreibart deutet auf eine herb abweisende, hochgradig sensible und überempfindliche Natur, die sich nur schwer ihrer Umgebung anpassen kann. Es mangelt ihr an weiblicher Anmut, Biegsamkeit und Geschmeidigkeit. Die Schreiberin ist aber auch mit sich selbst unzufrieden, fühlt sich unverstanden und ist leicht verdrießlich und verstimmt. Es ist ihr nicht gegeben, aus sich herauszugehen und freudig in die Welt zu schauen, sodaß man sie nur bedauern kann.

Noch sonderbarer wirkt eine Schrift mit erweiterter Linienbasis wie Nr. 52, die auf geschmackloses Forminteresse, auf etwas Bizarrerie oder Sonderbarkeit im Betragen schließen läßt.

Nr. 52.

Durch die Höhe, Ausdehnung und Weite einer Schrift entstehen eben die verschiedenartigsten Buchstabenverbindungen, sodaß man außer den vorher erwähnten Schreibarten auch noch wellenförmige, leicht dahingleitende, mit niedrigen Buchstaben oder fadenförmig langgezogene Schriften unterscheiden kann.

Nr. 53.

Nr. 54.   4*

In den Schriften Nr. 53 und 54 findet man kleine Rundungen und Kanten, also eine gemischte Verbindung der außergewöhnlich niedrigen Buchstaben, sodaß man auf einen lebhaften Stimmungswechsel und auf Neigung zu Träumereien schließen kann. Gleichzeitig deuten Schriften mit so niedrigen Buchstaben auch auf Scharfblick und gute Beobachtungsgabe.

Nr. 55.

In Nr. 55 sind die Buchstaben noch niedriger, oft nur punktiert. Diese Schreibart verrät nicht nur die vorerwähnten Eigenschaften, sondern auch viel Klugheit, Finesse, diplomatisches Geschick und Undurchdringlichkeit.

Nr. 56.

Die nächste Schrift Nr. 56 zeigt einen durchweg fadenförmigen Duktus. Wer so schreibt, besitzt viel

Zurückhaltung, Vorsicht, Verheimlichungssinn und läßt sich von anderen nicht durchschauen.

Derartige Eigenschaften: Schlauheit, Finesse, Raffiniertheit und Undurchdringlichkeit können aber auch in größeren Schriften zum Ausdruck kommen, wenn nur einzelne Silben fadenförmig langgezogen sind, oder aus sehr niedrigen Buchstaben bestehen, wie in dem Schriftbild Nr. 43, in dessen abgehackten, nur auf die notwendigsten Teile beschränkten Buchstaben auch viel Sarkasmus, Ironie und Spottsucht ausgeprägt ist. Ob eine Schrift eine gute oder ungünstige Bedeutung hat, ergibt stets der Gesamteindruck mit den vorherrschenden speziellen Zeichen.

Mehr Ecken und scharfe Kanten einer Schrift deuten also auf Festigkeit, Entschiedenheit, Strenge, Härte, Lieblosigkeit und Ungerechtigkeit, — mehr Rundungen auf Gefühlswärme, leichte Beeinflußbarkeit, Nachsicht, Milde und Weitherzigkeit, — mehr Wölbungen (in deutscher, wie in lateinischer Schrift) auf Sinn für gediegene Allüren, auf schöne Umgangsformen, Liebenswürdigkeit und Parademoral, — je nach den speziellen Zeichen für Echtheit oder Falschheit.

Eine ungünstige Bedeutung haben Arkaden nur, wenn der Gesamteindruck sehr unsympathisch wirkt und wenn gar keine Rundungen an der Linienbasis als Zeichen von Gemütstiefe vorkommen.

Wellenförmige Schriften findet man häufig bei hochintelligenten, geistreichen und diplomatischen Menschen, die sich aus jeder Situation geschickt herauszuwinden wissen.

Als Beispiel einer echten Diplomatenschrift
mögen Maximilian Hardens kleine, gewundene,
oft schwer lesbare Hieroglyphen gelten.

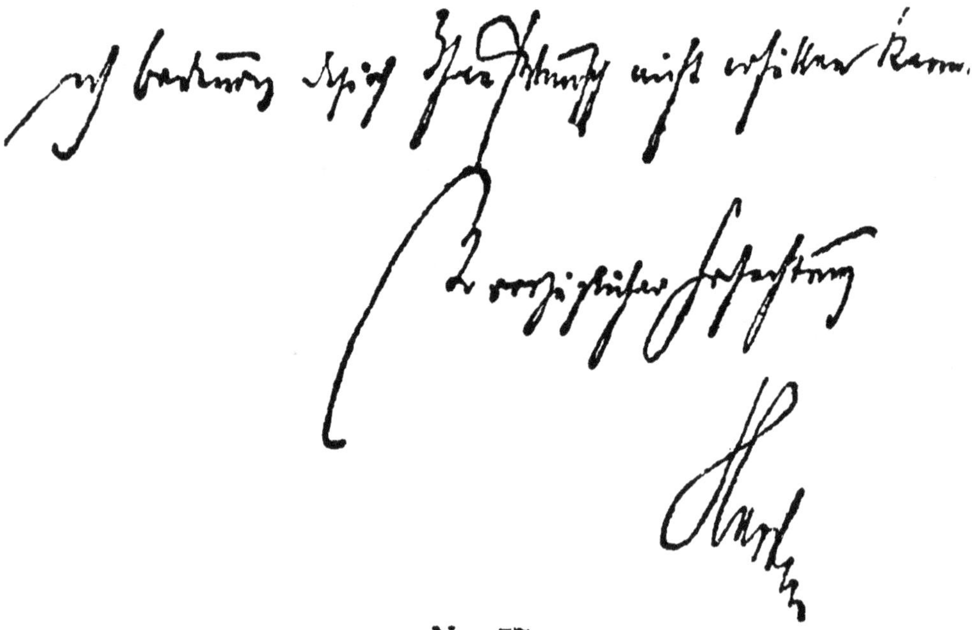

Nr. 57.

Um nach bestimmter Methode vorzugehen, damit
Sie erst die Grundlagen der graphologischen Betrachtungen richtig erfassen, werde ich Ihnen am
Schluß der nächsten Unterrichtsbriefe noch eine Reihe
numerierter Schriftbilder ohne Text vor Augen führen,
auf deren spezielle Zeichen ich dann im Ver-
zeichnis der Eigenschaften und Charakterzüge
besonders hinweise.

IV. Unterrichtsbrief.

Über die Buchstabenlage habe ich in meinen graphologischen Werken auch schon manches Kapitel geschrieben, von denen Sie das eine oder das andere einfach nachlesen könnten, um klar zu sehen, doch will ich das Wichtigste noch einmal kurz zusammenfassen und dann eine Reihe Schriftproben in Bezug auf den Gesamteindruck, auf die Schriftlage und Buchstabenverbindung erklären, damit Sie dadurch die richtige Abschätzung der verschiedenen Arten und Zeichen erlernen.

Eine sehr schräg nach rechts geneigte Schrift, die der natürlichen Schreibweise entspricht, wie Nr. 58, deutet an und für sich auf einen sehr gefühlvollen, stark empfindenden Charakter, der sich am liebsten recht natürlich gibt, sich nicht gern den geringsten Zwang anlegt.

Eine steile Schrift dagegen deutet auf einen Charakter, der mehr Zurückhaltung, Mäßigung, Beherrschung und Selbstdisziplin übt und vorwiegend Verstandesherrschaft besitzt.

Eine linksschräge oder zurückgelehnte Schrift deutet schon mehr auf gewaltsame Unterdrückung der Empfindungen, auf kühle Reserve, Vorsicht und Verstellung.

Eine Schrift mit bald nach rechts, bald nach links schwankenden Buchstaben läßt auf einen innerlich noch unabgeklärten, wankelmütigen

Verschiedene Buchstabenrichtung.

Nr. 58. Nach rechts geneigte Schrift.

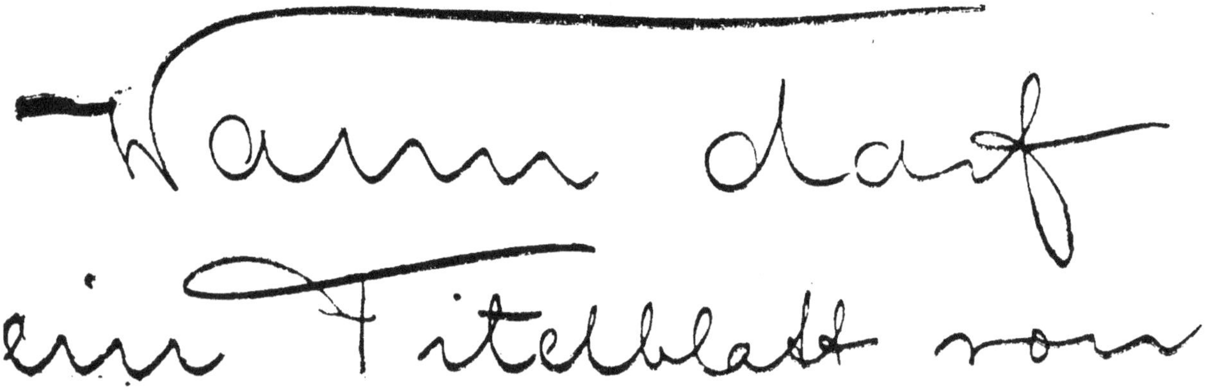

Nr. 59. Steilschrift.

Nr. 60. Nach links zurückgelehnte Schrift.

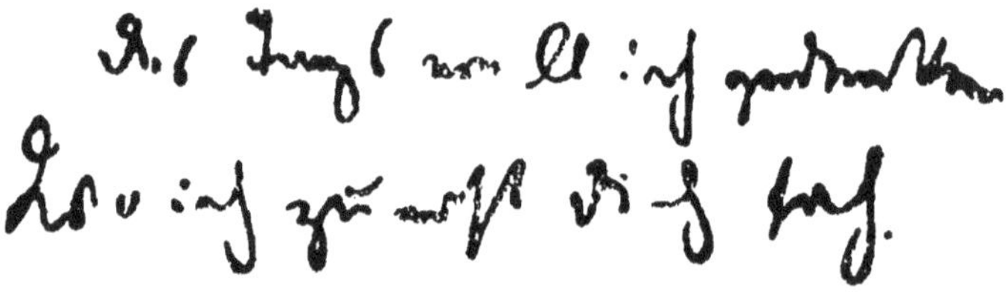

Nr. 61. Schwankende Buchstaben.

und unentschlossenen Charakter schließen, der sich zu sehr von Stimmungen und äußeren Einwirkungen beherrschen läßt. —

Nun wollen wir uns aber zunächst die Schriften S. 56 mit verschiedener Buchstabenrichtung noch genauer ansehen, um festzustellen, ob die Bedeutung nach der Schriftlage nicht durch andere Symptome noch verstärkt oder etwas abgeschwächt wird.

Nr. 58 zeigt uns also zunächst eine völlig zwanglos und flott hingeworfene Schrägschrift eines Mannes, der sich vorwiegend von seinen Gefühlen beherrschen läßt, der eine glühende Leidenschaft, stürmische Empfindung, starke Impulsivität und Genußfreudigkeit besitzt. Nach der schrägen Lage seiner Buchstaben ist er im Umgang freundlich, verbindlich, liebenswürdig und entgegenkommend und im allgemeinen recht gemütlich und anpassungsfähig.

Da aber die Buchstaben-Verbindung vorwiegend eckig ist, so darf man wohl annehmen, daß der Herr nicht immer so nett und verträglich ist und auch schroff und hart sein kann. Er wird besonders in seinem Beruf stets sehr fest und energisch auftreten und seine Ansichten mit Zähigkeit und Beharrlichkeit verfechten. Also — bei aller Gutmütigkeit und Gefühlshingabe wird er niemals weichlich oder nachgiebig sein, sondern ernst und bestimmt seinen Willen zur Geltung bringen.

Die langen, scharfen Anstriche, die in dieser Schrift als spezielles Merkmal besonders hervortreten, deuten auch auf viel Strebsamkeit, Eifer, Unternehmungsgeist und Schlagfertigkeit. Jedenfalls duldet der Betreffende nicht den geringsten Widerspruch. „Er will der Herr sein", sich niemals ducken oder unterordnen, und auch stets das erste und —

letzte Wort haben. Aber — wie gesagt, — sonst ist der Schrägschreiber ein gutherziger, gefühlvoller, intelligenter und tüchtiger Mensch, der besonders im Erwerbsleben alle Interessen wahrzunehmen versteht, worauf der zurückgebogene Haken am t noch besonders hinweist.

Im übrigen deutet der flotte, ausgedehnte und kräftige Schrifttypus auch auf eine vielseitige Beanlagung, auf eine lebhafte Auffassungsgabe, auf Geschäftsklugheit, Tätigkeit und auf ebensoviel geistige Regsamkeit und Freimütigkeit, als auf Umsicht und praktischen Sinn, sodaß sich der Herr, — wenn er will — allen gegebenen Verhältnissen vorzüglich anzupassen vermag.

Die aufrechtstehenden Buchstaben der großzügigen, klaren und harmonischen Schrift Nr. 59 deuten nun in erster Linie auf Verstandesherrschaft, Willenskraft und Selbsterziehung. Der Schreiber prüft erst sehr genau, wem er vertrauen kann und ist sehr wählerisch im Verkehr, nicht gleich mit all und jedem befreundet. Die Girlandenbindung der Buchstaben offenbart uns jedoch, daß dieser Verstandesmensch im Grunde auch ein sehr tiefes Gemüt und ein bewegtes Innenleben besitzt, wenn er auch seine Gefühle nicht zur Schau tragen wird. Er ist ein sehr großzügig veranlagter, klar und logisch denkender, intelligenter und hochsinniger Charakter mit großem Planreichtum, mit sehr viel Optimismus in Bezug auf seine eigene Kraft und mit einem frohen, heiteren Sinn. Schon die Größe und Ausdehnung der Schrift deuten auf ein sanguinisches Naturell mit sehr viel Selbstvertrauen. Die langgezogenen Endungen der Anfangsbuchstaben, die das ganze Wort überschatten, deuten auf ein Gefühl geistiger

Überlegenheit, auf eine gewisse Neigung zum Dominieren und Protegieren, zum Anordnen und Arrangieren.

Nach dem Gesamteindruck der großen, klaren Girlandenschrift besitzt der Schreiber auch glühenden Ehrgeiz, originelle Ideen und einen weiten Gesichtskreis, sowie Scharfblick und Kombinationsgabe, sodaß er seine Pläne auch zielbewußt und sicher durchführen wird. Bei aller Charakterstärke und Willenskraft ist er in seinem Wesen sehr biegsam, taktvoll, ja sogar milde, nachsichtig und sanftmütig, nicht imstande einem Menschen wehe zu tun oder irgendwie zu nahe zu treten.

Die nach links zurückgelehnte Schrift dagegen deutet auf kühle Reserve, Vorsicht, Unbeugsamkeit und auf aristokratischen Stolz. Die Schreiberin hält auf strenge Sitten und ist in ihrem Wesen oft unnahbar und unzugänglich. Besonders auffallend sind in der Schrift die scharfen Winkel mit den wagerechten Endungen, die auf Exklusivität und Sinn für Gerechtigkeit weisen. Da die Schreiberin nach der linksschrägen Lage ihrer Buchstaben aber ein stark entwickeltes persönliches Gefühl und steife Vornehmheit besitzt, so wird sie ihre Gerechtigkeitsliebe nicht in milder, gütiger Art zum Ausdruck bringen, sondern kühl und herablassend. Sie wird dadurch leicht verletzend wirken — vielleicht oft unbewußt — und durch ihre Ungeschmeidigkeit und Unbiegsamkeit abstoßen.

Die kleine Schrift mit den schwankenden Buchstaben aber deutet auf einen wankelmütigen und unbeständigen Charakter, der nicht frei von inneren Konflikten ist und in seinen Stimmungen und Empfindungen noch hin und her schwankt. Es fehlt dem Schreiber noch an einem großen Ziel, dem er sich ganz hingeben könnte. Kopf und Herz, oder Vernunft und Gefühl, liegen bei ihm noch beständig im Streit, sodaß er oft launisch und unberechenbar, schwer zu verstehen und schwer zu behandeln ist. Die kleinen, vereinfachten Buchstaben verraten aber auch viel diplomatisches Geschick, Klugheit, Scharfblick und Kritiksinn. Der Schreiber ist auch kurz und bündig in seiner Ausdrucksweise, faßt stets den Kern der Dinge ins Auge und vermeidet alle Umschweife. Sowie er reifere Lebenserfahrungen gewonnen hat, wird bei ihm das Gefühl mehr in den Hintergrund treten, und der Verstand dominieren, da schon jetzt die steilen Buchstaben vorherrschend sind.

Ich füge hier noch eine Anzahl Schriften mit verschiedener Buchstabenlage an, damit Sie nun selbst versuchen können, die Resultanten, das heißt: das Ergebnis von mehreren Zeichen, aufzufinden und nach dem bisher Erlernten kleine Charakterskizzen zu entwerfen.

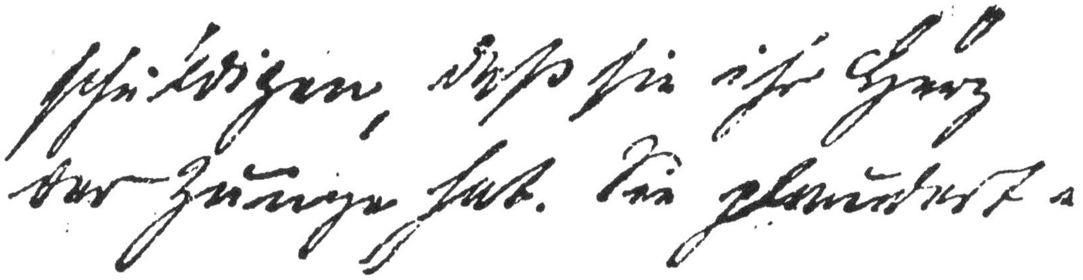

Nr. 62.

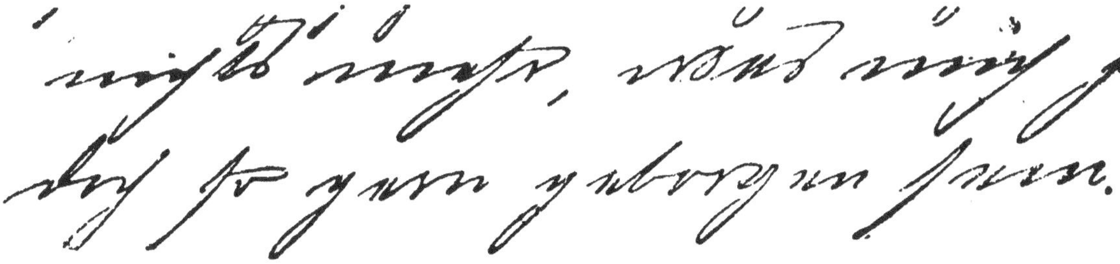

Nr. 63.

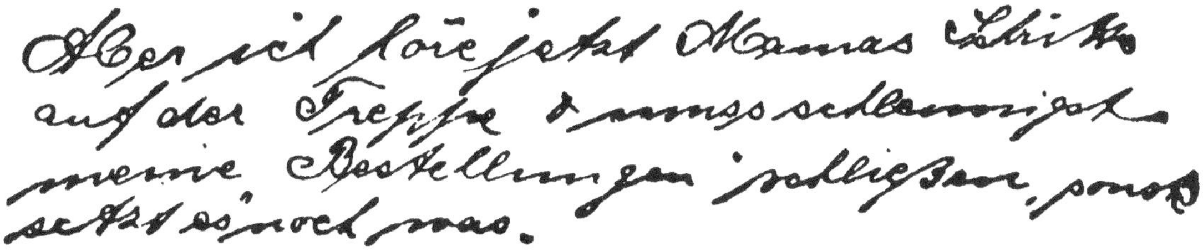

Nr. 64.

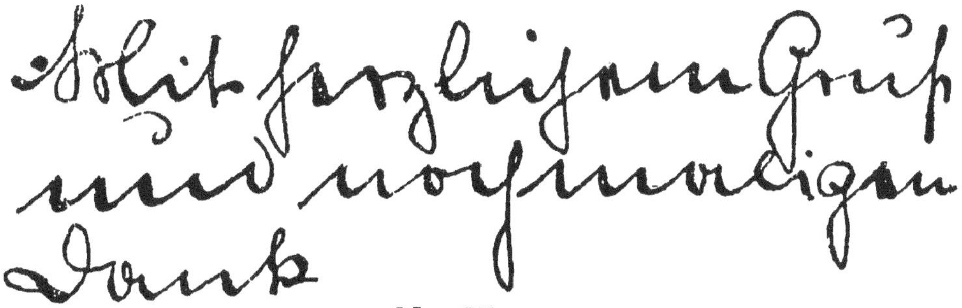

Nr. 65.

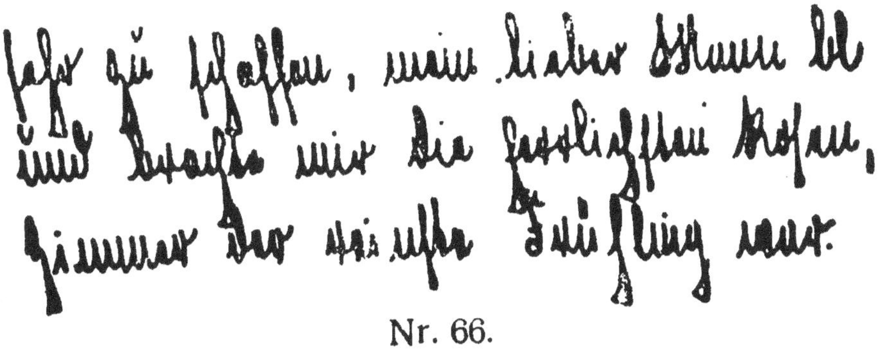

Nr. 66.

Sei so gut und sende
mir sofort die Sachen
die ich letzthin bei

Nr. 67.

Du schreibst: (Hoffentlich bist Du
nicht munter und lustig.)
Ja freilich, — muß ich Angtreiber, wenn
auch nicht fröhlich, so doch ein freund=
liches Gesicht machen; aber um so

Nr. 68.

Welk ist die Liebe — der Wintersturm
Pfeift wie ein trotziges Lied vom Verges
Meine weinende Seele spricht.
Leiden will ich — vergessen nicht.

Nr. 69.

[Handschriftprobe Nr. 70]

Nr. 70.

[Handschriftprobe Nr. 71]

Nr. 71.

[Handschriftprobe Nr. 72]

Nr. 72.

Anmerkung für die Leser dieses Buches!

Da es unmöglich ist, die verschiedenen Antworten meiner Schüler und Schülerinnen auf die gestellten Aufgaben im Rahmen dieses Buches mit zu veröffentlichen, komme ich im III. Teil auf die in einzelnen Schriften besonders hervortretenden Zeichen noch zurück. Viele dieser Briefausschnitte sind auch in meinen „Graphologischen Charakterstudien" enthalten und eingehend besprochen, sodaß jeder, der die Graphologie ernsthaft studieren will, sich die Werke zur Ergänzung vom Verlag dieses Buches verschaffen kann.

(Handschriftprobe Nr. 73)

Nr. 73.

Gerade, wie liniiert.

(Handschriftprobe Nr. 74)

Nr. 74.

In Wellenlinie.

(Handschriftprobe Nr. 75)

Nr. 75.

Aufsteigend.

(Handschriftprobe Nr. 76)

Nr. 76.

Herabsinkend.

(Handschriftprobe Nr. 77)

Nr. 77.

Erst sinkend, dann steigend, einen nach oben offenen Halbkreis bildend.

(Handschriftprobe Nr. 78)

Nr. 78.

Erst steigend, dann sinkend, einen nach unten offenen Halbkreis bildend.

V. Unterrichtsbrief.

Wir kommen nun zu der Zeilenrichtung. Wenn ein Mensch — auch ohne Linienblattbenutzung — eine sehr gerade, korrekte Zeilenführung hat, wie Nr. 73, dann hält er an einmal gewonnenen Eindrücken fest.

Man findet die gar zu stramme Zeilenführung vorwiegend bei Leuten, die ihre Anschauungen nicht ändern, die aber auch ziemlich einseitig und streng in ihren Ansichten sind. Man kann sich aber auch auf ihre Beständigkeit und Pflichttreue verlassen, — sofern nicht irgendwelche ungünstige spezielle Zeichen die gute Bedeutung der strammen Linienführung aufheben.

Eine etwas wellige Linienführung, wie in der Schrift Nr. 74 dagegen, deutet mehr auf eine Persönlichkeit, deren Geist in fortwährender Weiterentwickelung begriffen ist, die viel Weltgewandtheit, Intelligenz und Diplomatie besitzt.

Natürlich muß man das ganze Schriftbild damit in Einklang bringen.

Eine gewundene Zeilenführung in niedriger, fadenförmiger Schrift, wie Nr. 57, deutet mehr auf Schlauheit, List und Undurchdringlichkeit, — in zarter unsicherer Schrift auf leichte Beeinflußbarkeit und Willensschwäche. — Sind noch besondere Zeichen von Lüge in der Schrift enthalten (geschlossene u-Bogen anstatt offene), so deuten die gewundenen Zeilen auch auf Verlogenheit und Raffiniertheit. — —

Man kann sehr wahrheitsliebend, aber auch gleichzeitig diplomatisch sein, z. B. wenn man aus Schonung oder Mitleid etwas verschweigt, oder geschickt umgeht, um anderen nicht wehe zu tun, — man kann aber auch sehr listig sein, raffiniert andere betrügen und zur Heuchelei und Lüge Zuflucht nehmen. Und gerade diese Eigenschaften lassen sich besonders aus der Schrift erkennen, sowie man Übung und praktische Erfahrung in der Charakterbeurteilung hat. — —

Eine horizontale Linie deutet also mehr auf Gemütsruhe, Beständigkeit und Treue — in der Freundschaft, wie in der Liebe, — sowie auf Pflichtbewußtsein und auf ein starkes Verantwortlichkeitsgefühl, eine gewundene Linie mehr auf Gewandtheit, Beweglichkeit und Anpassungsfähigkeit an gegebene Verhältnisse, — in ordinärer Schrift, z. B. in Nr. 48, auch auf Gewissenlosigkeit.

Eine aufsteigende Linienrichtung, wie Nr. 75, deutet in schwungvoller, großer und lebhafter Schrift auf eine optimistische Weltanschauung, auf Eifer, Ehrgeiz, Unternehmungslust und Hoffnungsfreudigkeit, — auch in kleinen Schriften mindestens auf momentane Erregung; auf freudige Stimmung und Zuversicht.

Eine absteigende Zeilenführung wie Nr. 76 deutet dagegen auf Entmutigung, Niedergeschlagenheit, auf Mangel an Selbstvertrauen, in hastiger Schrift auf Erschöpfung, infolge Überarbeitung, und auf momentanes Ruhebedürfnis.

Man muß sich also genau das ganze Schriftbild ansehen, um festzustellen, ob man es mit einem mutlosen nachlässigen, oder mit einem nur momentan verstimmten und überarbeiteten Menschen zu

tun hat. — Es wäre zuviel gesagt, wollte man nach
ein paar sinkenden Zeilen, einfach auf Pessimismus
und Verzagtheit schließen.

In alten, graphologischen Werken findet man wohl
ganz richtig die einfachen Angaben:

Aufsteigende Zeile:

    Eifer, Ehrgeiz, Selbstvertrauen, Heiterkeit, Mut,
    Unternehmungsgeist, Eitelkeit und Kraftgefühl.

Absteigende Zeile:

    Traurigkeit, Entmutigung, Melancholie, Schwäche,
    Ängstlichkeit, Furcht und Pessimismus. — — —

doch hat die Erfahrung gelehrt, daß man nicht allein
nach der Zeilenführung urteilen darf, um nicht zu
Trugschlüssen zu kommen; denn in unserer nervös
hastenden Zeit, sind die Menschen viel zu sehr von
Stimmungen und äußeren Einflüssen abhängig.

Eine stramme Linienführung in zwanglosen
Schriften aufzufinden, ist beinahe eine Seltenheit.
Man findet sie vorwiegend in den Schriften von
Durchschnitts- und Schablonenmenschen, die
sich durch nichts aus der Fassung bringen lassen,
oder bei denen, die beruflich zu einer korrekten
Schreibweise gezwungen sind, z. B. bei Bürokraten.

Eine erst etwas sinkende, dann aber steigende
Linie verrät, daß der Schreiber oder die Schreiberin
anfangs ungern an eine Arbeit oder an etwas Neues
herangeht, später aber doch Lust oder Mut bekommt,
sich zusammenrafft, und schließlich das begonnene
Werk, oder das, was einmal sein muß, gut zu Ende
führt. Ein treffendes Beispiel einer erst sinkenden,
dann steigenden Richtung, ist die erste Zeile der gewöhnlichen Schrift Nr. 48, während die anderen Zeilen
mehr gewunden sind. Es mag oft große Mühe kosten,
ehe die Schreiberin sich entschließt, ihren Haushalt

oder eine Sache gründlich in Ordnung zu bringen, doch hält sie nach einiger Zeit doch immer wieder einmal große Generalwäsche und bringt das vernachlässigte wieder in Stand. Die Verschiedenartigkeit dieser Zeilenrichtung und Buchstabenlage verrät eben, daß die Schreiberin zu sehr von Stimmungen abhängig, launenhaft und unberechenbar ist.

Eine erst steigende, dann aber sinkende Zeilenrichtung offenbart, daß der oder die so Schreibende erst mit Lust und Eifer an neue Arbeiten oder Unternehmungen herangeht, dann aber ebenso schnell das Interesse an diesem und jenem verliert und keine Ausdauer besitzt. Handelt es sich — was aus dem Gesamteindruck der Schrift erkennbar ist — um vielseitig beanlagte Menschen, so ist anzunehmen, daß immer wieder etwas Neues begonnen wird, ehe noch das Alte vollendet ward.

Ist eine Schrift großzügig und schwungvoll, so darf man sich nicht durch gelegentliche sinkende Zeilen irritieren lassen, dann ist der Grundzug des Wesens dennoch fröhlich und heiter, doch herrscht momentan etwas Ermüdung, infolge von Überarbeitung, vor; weil eben als Reaktion eines leicht entflammten Gemüts zu schnell Erschöpfung eintritt.

Natürlich können die verschiedensten Linienrichtungen in einem Briefe vorkommen, dann muß man eben auch mit der vielseitigen Beanlagung und der Verschiedenartigkeit der Stimmungen des Schreibers rechnen.

Das eben ist die Kunst der Graphologie, daß man verstehen lernt, nach den Grundlagen der wissenschaftlich feststehenden Zeichen auch richtig abzuwägen und zu kombinieren. Und das kann man eben erst durch Erfahrung und praktische Übung, durch Beobachtung und Vergleichung lernen. —

Ich führe Ihnen deshalb wieder eine Reihe verschiedenartiger Schriften vor Augen, die Sie zunächst in Bezug auf die Zeilenführung, die Buchstaben-Richtung und -Verbindung, sowie auf den Gesamteindruck betrachten und prüfen wollen.

Beispiele

für horizontale Linien sind noch Nr. 2, 3, 21, 40, 41, 81, 85 u. a.

für gewundene Zeilen Nr. 33, 48, 74, 82, 89, 90.

für aufsteigende Zeilen Nr. 58, 75, 79, 86.

für sinkende Zeilen Nr. 6, 38, 72, 84.

für konkave Linienrichtung Nr. 4, 42, 47, 77, 87.

für konvexe Linienrichtung Nr. 46, 54, 78, 88.

für unregelmäßige Zeilenführung Nr. 11, 12, 20, 48, 49, 80, 83 u. a.

Mein süsser Liebling!
Deinen lieben Brief erhalten…

Nr. 79.

Nr. 80.

Nr. 81.

Qui s'excuse, s'accuse, aber *hoffentlich*
hatte ich *jeden* Tag die *edle* Absicht, dir
zu schreiben, immer *wieder* ich *deren*
verhindert. *Schicke* ich *dir* nur einen Gruß

Nr. 82.

Kennst mich ja noch garnicht. Nun
denn, ich heiße Mieze. Die Einen
betrachten ich *sei* ein *herziges* Kind,
die Anderen *dagegen*, ich sei stolz,

Nr. 83.

geht leider doch nicht daß ich
beständig mich gefallen laß ich
brauche Unterhaltung meine
ein christlich soziale Arbeit, ich
Unterhaltung sucht machen zu

Nr. 84.

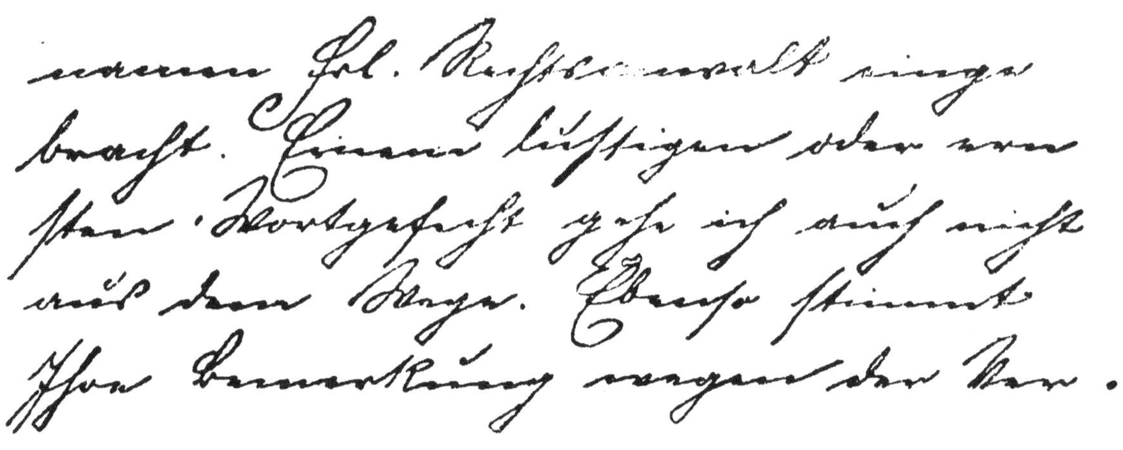

Nr. 85.

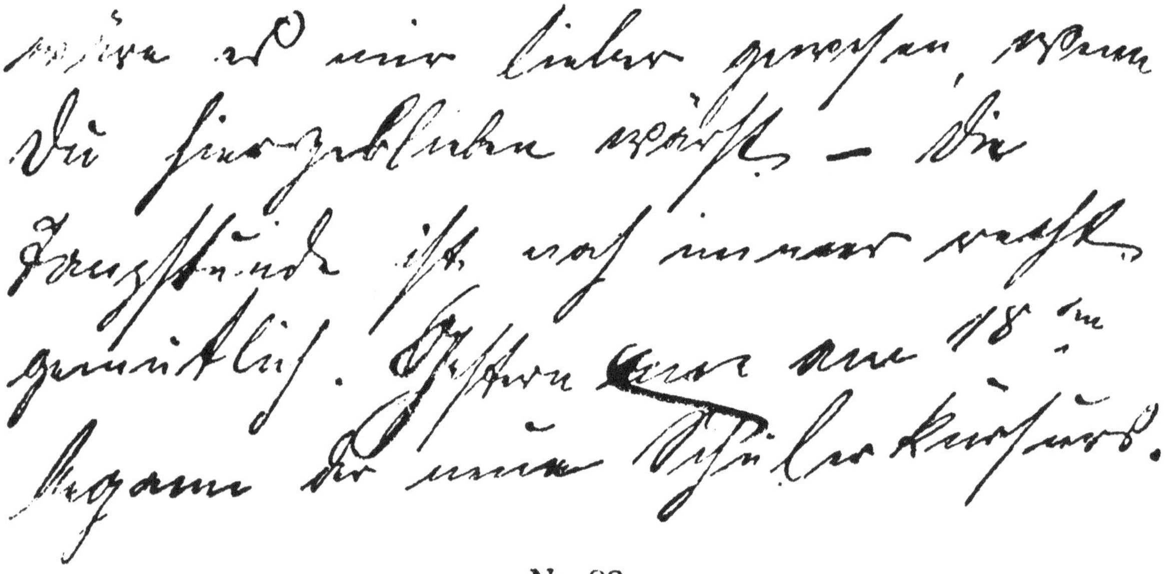

Nr. 86.

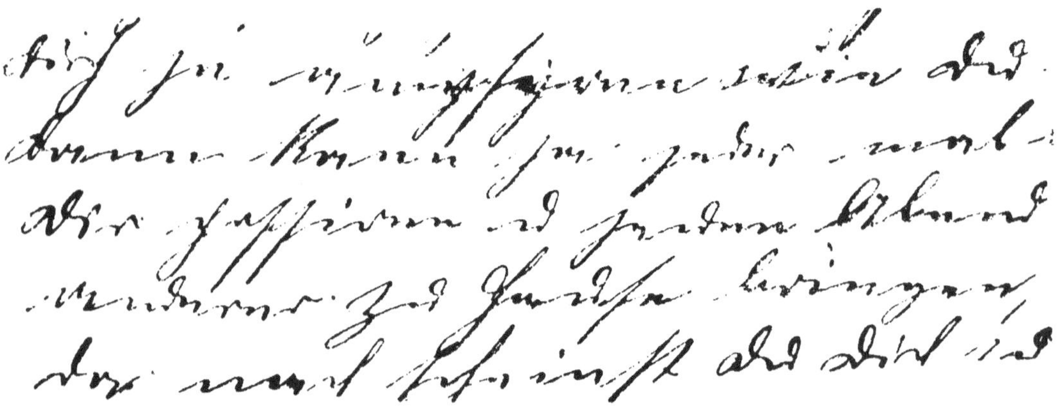

Nr. 87.

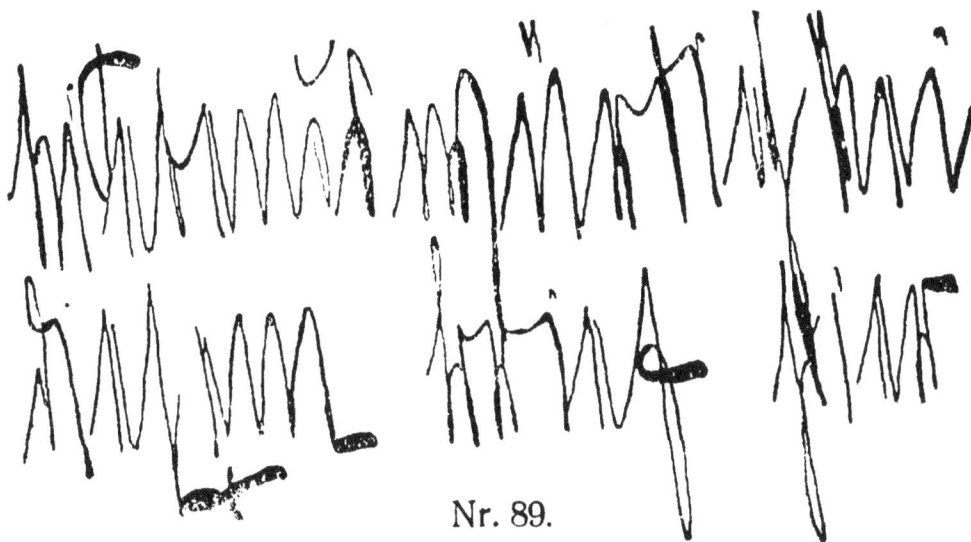

Nr. 88.

Nr. 89.

Nr. 90.

Anm. Um die Unterschiede der Linienführung, die nicht immer mit bloßem Auge erkennbar sind, genauer festzustellen, empfiehlt es sich, einen Streifen Papier an die Linienbasis oder die untersten Spitzen der Kleinbuchstaben zu legen. Bei Nr. 89 sieht man so am besten, wie sich die Buchstaben heben und senken.

VI. Unterrichtsbrief.

Zum Schluß kommen wir nun zu den speziellen Zeichen einer Schrift, worunter die Schrifteigentümlichkeiten gemeint sind, die beim Anblick der zu beurteilenden Schrift sofort ins Auge fallen, zum Beispiel kleine Häkchen, Schnörkeleien, scharfe Anstriche, schroff herausfahrende Endungen u. dergl. m.

Sehr lange Anstriche:
deuten auf Strebsamkeit, Eifer, Unternehmungslust und in sehr eckiger Schrift auch auf Widerspruchsgeist, oder auf die Fähigkeit, seine Ansichten gut zu verteidigen.

Nr. 91.

Sehr scharf ausgeprägt sind die langen Anstriche in der Herrenschrift Nr. 58, deren Urheber tatsächlich sehr schlagfertig und redegewandt ist. Auch in Nr. 64, 85 und 91 treten die Ansätze scharf hervor.

In girlandenförmiger Schrift weisen lange Anstriche mehr auf Oppositionslust in gemütlicher Weise oder auf Freude an interessanten Wortgefechten.

Man wird also im Hinblick auf das ganze Schriftbild leicht herausfinden, ob der Schreiber oder die

Schreiberin mehr Strebsamkeit, Eifer, Debattelust oder unangenehm wirkende Rechthaberei besitzt.

Gar zu lange, spitzige Anstriche in scharfkantiger, unsympathischer Schrift, z. B. in Nr. 19, deuten schon mehr auf unangenehme Nörgelei, auf Schroffheit, Gehässigkeit und Schadenfreude.

Bogenförmige oder schön geschwungene Federzüge am Anfang eines Wortes, wie in Nr. 47 und 107, bekunden Sinn für Humor und Heiterkeit und gebogene Anstriche, die unter dem Wort anfangen, wie in Nr. 57 und 92, sind Zeichen von Gesprächigkeit, Schlagfertigkeit und Redetalent.

Nr. 92.

Die Schreiberin dieser kurvenreichen Schrift besitzt sogar ein außergewöhnlich starkes deklamatorisches und rhetorisches Talent, einen großen Gedankenreichtum und schöngeistige Interessen.

Überhaupt deuten leichte, zarte, schwungvolle Federzüge mehr auf phantasievolle, heitere, geistig regsame und ideell veranlagte Naturen, während schwere, dickflüssige Schriften mehr auf ernste, materiell veranlagte Charaktere schließen lassen.

Die folgenden Schriftbilder Nr. 93 und 94 mögen den scharfen Kontrast in der Gesinnungsart vor Augen führen.

Nr. 93.

Die zarten, weitschweifigen Züge einer Dame deuten auf eine schwärmerische Idealistin mit sanguinischem Naturell, mit großer Lebhaftigkeit ihrer Bewegungen, mit stark entwickelter Phantasie und Einbildungskraft und mit sehr vielseitigen Interessen, da auch unterhalb der Zeile breite Schleifenzüge vorkommen.

Nr. 94.

Die ruhige, kraftvolle Schrift eines Herrn deutet mehr auf einen starren, unbiegsamen, festen, selbstbewußten und reell denkenden Charakter mit ernster Lebensauffassung und strengen Grundsätzen, was natürlich Sinn für urwüchsigen Humor nicht ausschließt. Man findet ja häufig, daß gerade ernste und tiefangelegte Naturen im geeigneten Moment viel herzlicher über etwas lachen können, als jene oberflächlichen, nichtssagenden Menschen mit dem „ewigen" Lächeln auf dem Gesicht.

Gleichzeitig deutet dieser dickflüssige Schriftduktus auch auf Genußfreudigkeit, auf Gourmandise und vorwiegend materielle Interessen und praktische Leistungsfähigkeit.

Selbstverständlich können in einer lebhaften, rasch hingeworfenen und hochintelligenten Schrift auch durch einzelne zusammengeflossene Schleifen Feinschmeckerei und Sinn für materielle Genüsse angezeigt sein, aber das ganze Schriftbild wird doch immer die vorwiegend geistige Regsamkeit und individuelle Selbständigkeit und Eigenart zum Ausdruck bringen.

Eine Reihe lebhafte und schwerfällige Schriften mögen diese feinen Unterschiede vor Augen führen.

Nr. 95 ist die Schrift eines feinfühligen und schaffensfreudigen Charakters mit großer Lebhaftigkeit und mit hohem Gedankenflug, — worauf die hochgesetzten und rasch hingeworfenen u-Bogen hinweisen. Gleichzeitig tritt aber in diesen Zügen auch starke Impulsivität, Leidenschaftlichkeit und hochgradige Erregbarkeit zu Tage.

Auch Nr. 96 spiegelt durch den Wechsel von feinen und druckreichen Zügen ein Gemisch von Idealismus und geistiger Regsamkeit in Verbindung mit glühendem Ehrgeiz, sowie Genußfähigkeit und praktische Interessen wieder. — Man sieht aus solchen Schriften, daß die Schreiber trotz ihrer Begeisterungsfähigkeit und künstlerischen Interessen doch niemals den realen Boden unter den Füßen verlieren.

Lebhafte Schriften, in denen sich vorwiegend geistige Regsamkeit wiederspiegelt.

Nr. 95.

Nr. 96.

Nr. 97.

Schwerfällige, derbe Schriften

von Menschen mit vorwiegend materieller Gesinnung und praktischer Denkungsart.

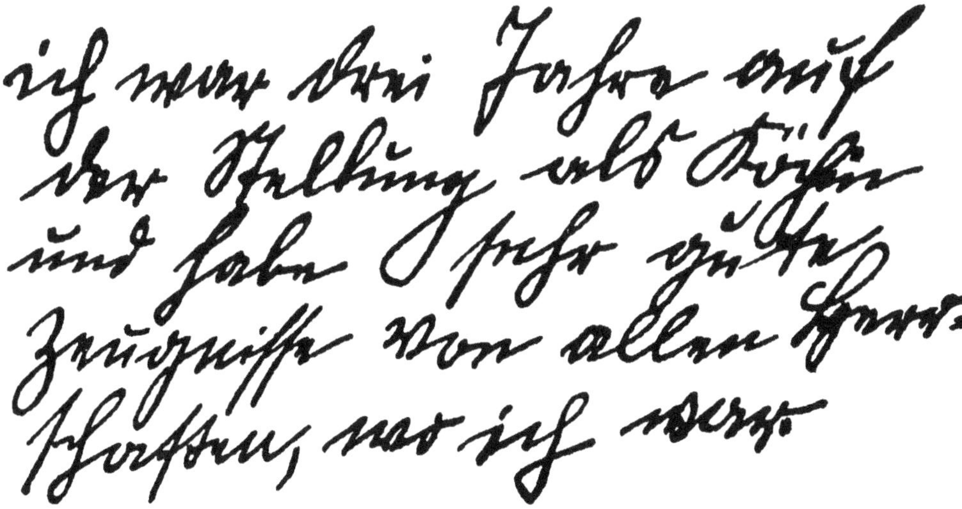

Nr. 98.

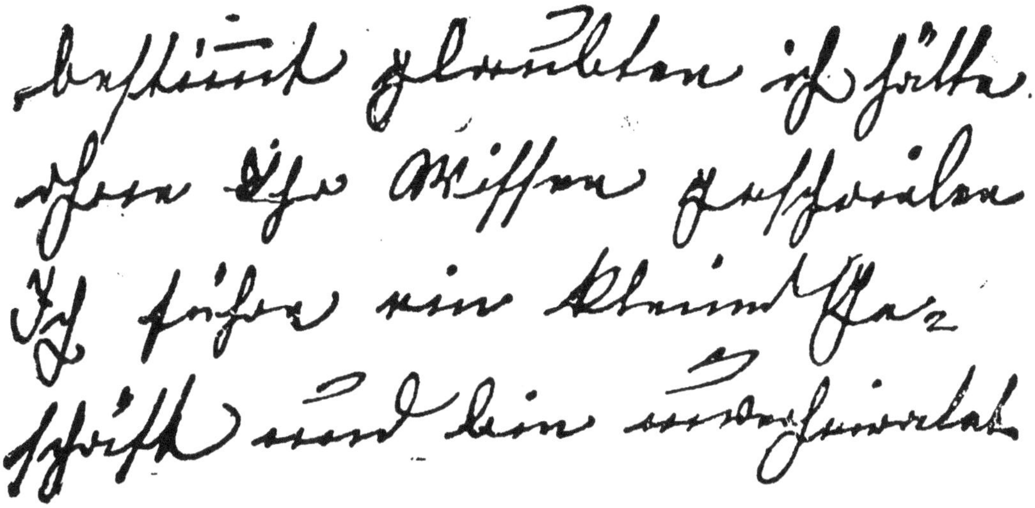

Nr. 99.

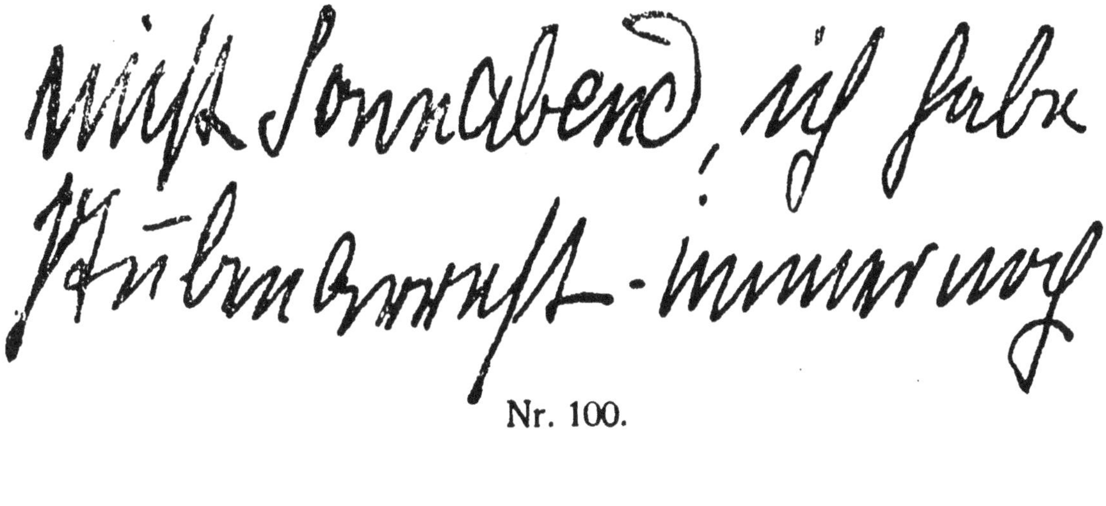

Nr. 100.

Auch das Schriftbild Nr. 97 zeigt viel Leben und Bewegung. Diese Lebhaftigkeit macht sich geltend als Tätigkeitsdrang, als Unternehmungslust und als ein Streben nach Freisein von lästigen Fesseln und Schranken. Aber nicht zügellos in jugendlichem Ungestüm läßt der Urheber dieser Steilschrift sich gehen, nein, er hat bereits gelernt, über sein Temperament für gewöhnlich Herr zu werden und seine Leidenschaft mit klugem Verstande, sogar unter dem Bilde äußerer Würde, zu verbergen. Er ist eine weiche und biegsame Natur, die sich schnell anzupassen weiß. Seine angeborene Oppositionslust und sein kritischer Spott, der vor Selbstwidersprüchen und Nörgeleien nicht Halt macht, ist nicht geeignet, seine Feinde in die Flucht zu schlagen. Im Wortdisput und vielleicht auch sonst auf der Arena des Geistes kommt es ihm auf etwas Unklarheit nicht an — denn die Buchstaben greifen stellenweise ineinander. — Der Herr ist viel zu lebhaft und eifrig, um sich bei irgendwelchen Lappalien — in seinen Augen — aufzuhalten.

Den stärksten Kontrast zu den leicht hingeworfenen Zügen bilden nun die schwerfälligen Schriften der materiell veranlagten Menschen mit vorwiegend praktischen Interessen und körperlicher Leistungsfähigkeit.

Nr. 98, die kräftige Schrift einer Küchenfee, die am liebsten mit dem Kochlöffel herumhantiert, spricht eigentlich für sich selbst.*)

Nr. 99 wirkt eigentümlich durch die gebogenen Endungen, die nicht nur auf selbstsüchtige Berechnung,

*) Ich werde gelegentlich in einer Broschüre: „Ratgeber beim Engagement von Dienstpersonal" näher auf solche Schriftarten eingehen.

sondern auch auf Klatschsucht schließen lassen, während in Nr. 100 durch die festgeknoteten Haken am „t" Starrköpfigkeit und Trotz, sowie Schroffheit und Rücksichtslosigkeit in der Ausdrucksweise hervortreten.

Zum Unterschied von diesen derben, langsam geschriebenen Zügen führe ich Ihnen noch einige rasch hingeworfene, dickflüssige Schriften vor, deren Schreiber gar keine Mäßigung und Selbstbeherrschung besitzen, die sich vielmehr oft allzustark von ihrem Temperament, namentlich unter der Einwirkung des Alkoholgenusses, hinreißen lassen.

Nr. 101.

Der Schreiber von Nr. 101 besitzt eine zu große Gefühlshingabe und Genußliebe und stürzte sich — zur Zeit der Niederschrift dieser Zeilen —, infolge seiner starken erotischen Veranlagung, wahl- und ziellos in den Strudel der Welt.

Nr. 102.

6

Die derbe Schrift Nr. 102 mit den hastigen, abgerissenen Zügen und akzentförmigen i-Punkten
stammt von einem heftigen, ungestümen, leicht aufbrausenden Charakter, der schnell einmal mit der
geballten Faust auf den Tisch schlägt, um seinen
Worten den stärksten Nachdruck zu verleihen. Im
allgemeinen ist der Betreffende mehr wortkarg und
verschlossen, — denn die An- und Endstriche der
Buchstaben fehlen oft, — nur beim feuchtfröhlichen
Mahle taut er auf und dann zeigt er auch Sinn für
einen urwüchsigen, derben Humor. Nach seinem
ganzen Auftreten gehört er zu den Kraft- und Ge-
waltmenschen, die ihren Untergebenen oder Ange-
hörigen Furcht und Respekt einflößen.

Nr. 103.

Noch stärker und unlesbarer ist die Schrift Nr. 103,
die einem fast krankhaft erregbaren, rücksichtslosen
und brutalen Menschen angehört, einem cholerischen
Charakter, dem sehr oft die Zornesader schwillt und
der in seiner Leidenschaft auch eifersüchtig und
wutentbrannt wie Othello ist.

Die nächste derbe, plumpe Schrift aber macht im
ganzen schon einen so gewöhnlichen und ordinären
Eindruck, daß man den Schreiber einfach kurz als
einen „rohen Patron" bezeichnen kann. Er besitzt
von Bildung keine Spur und ist roh und gemein in
allen seinen Äußerungen.

Nr. 104.

An der Hand solcher Beispiele wird es Ihnen gewiß nicht schwer fallen, auch aus ähnlichen Schriften Zartheit und Feinfühligkeit oder Derbheit und Grobheit zu konstatieren.

Doch nun kehren wir zurück zu den speziellen Zeichen, die sich besonders in den An- und Endstrichen zeigen.

Nr. 105.

Kleine Ringelchen, wie am „I“ im Schriftbild Nr. 105, deuten immer auf etwas Ziererei und Phrasenhaftigkeit. Der Schreiber wird um eine hübsche Redewendung nie verlegen sein. Die unnötig angebrachten kleinen Häkchen am „G“ aber verraten auch etwas Eigensinn und die festgeknoteten Haken am „t", die sich in der lateinischen Schrift erübrigen, da schon ein Querstrich den Buchstaben markiert, bekunden Zähigkeit und Beharrlichkeit. Dieselben Zeichen finden wir auch in der Damenschrift Nr. 31. Der durch einen Querstrich und durch ein Häkchen gekennzeichnete Buchstabe „t" läßt in lateinischer, wie in deutscher Schrift auf verstärkte Willenskraft schließen, hebt also in einer Girlandenschrift die Bedeutung der Schwäche und allzuleichten Beeinflußbarkeit auf. So kann also selbst in Schriften, die durch ihre Buchstabenverbindung einen großen Gefühlsreichtum und Gemüt offenbaren, durch ein einziges Zeichen gleichzeitig Energie und Willenskraft zum Ausdruck kommen, während andererseits durch das Fehlen der Querstriche oder Haken, selbst in starker Schrift, wie in Nr. 35, auf Mangel an Energie zu schließen ist.

Nr. 106.

Wenn die Schriften nun gar nur auf die allernotwendigsten Buchstabenteile beschränkt sind, so ist auf Sinn für Forschung und Vereinfachung, auf Naturliebe, Sachkundigkeit und gute Beobachtungsgabe zu schließen.

Allerdings verrät der häufige Fortfall der An- und Endstriche, daß der Schreiber nicht nur stets direkt auf den Kernpunkt einer Sache eingeht und viel Initiative besitzt, sondern auch leicht etwas mürrisch, wortkarg und kurz angebunden ist.

[handwritten text]

Nr. 107.

Hochgezogene, wie überhaupt die von der Linienbasis abschweifenden Federzüge, wie das schwungvolle „D" in Nr. 107 und das hüpfende „L und S" in Nr. 108, deuten dagegen auf eine gemütliche Elastizität und gehobene Stimmung in Verbindung mit Eitelkeit, die fast an Selbstbewunderung grenzt.

[handwritten text]

Nr. 108.

Spiralenförmige Buchstabenteile und andere eingerollte Verzierungen verraten, daß die Schreiber viel Wert auf schönes Äußere legen und sehr sinnlich veranlagt sind.

[handwritten text]

Nr. 109.

Die Bedeutung dieser Eigenschaften wird noch verstärkt, wenn der Schreiber solcher ineinander geringelten Schriftzüge, wie auch in Nr. 109, seinen Namenszug besonders verziert, ihn durch eine Schlußparaphe gewissermaßen auf einen Präsentierteller setzt.

Nr. 110.

Die Schreiber oder Schreiberinnen solcher, besonders verschnörkelter Schriften, wie Nr. 23, 24, 29, 30 u. a., mit allerlei weitschweifigen Bogen oder kleinen Ringelchen, wie auch in Nr. 111 und 112, wollen gern beachtet sein, in irgend einer Weise auffallen, und wenn sie gar noch ihren Namen mit einer auffallenden Schlußparaphe, wie Nr. 113,

Nr. 111.

Nr. 112.

versehen, in Gesellschaft eine große Rolle spielen und Lob und Anerkennung ernten.

Auch die folgenden Schriftbilder Nr. 114 bis 117 zeigen allerlei eitle Züge. Das eigenartig geformte H mit dem geringelten Anfang weist auf eine gewisse Vorliebe für kleine Umwege und Betrügereien und verrät, daß die Schreiberin sich gern mit fremden Federn schmückt.

Die Schrift Nr. 115 mit den sonderbaren u-Bogen und den eingefügten Eckchen in den Schleifenzügen stammt von einer putzsüchtigen jungen Dame, und die anderen Schriften, in denen die Schnörkeleien in den unteren Schleifen noch mehr ausgeprägt sind, stammen ebenfalls von sehr eitlen, koketten und gefallsüchtigen Naturen.

Nr. 113.

Schriften mit kleinen Verzierungen
und eingefügten Eckchen.

[handschriftlicher Text, Nr. 114]

Nr. 114.

[handschriftlicher Text, Nr. 115]

Nr. 115.

[handschriftlicher Text, Nr. 116]

Nr. 116.

89

[Handschriftprobe]

Nr. 117.

Wie in den Ansätzen, Anfangsstrichen und mittleren Teilen der Buchstaben, so kommen natürlich auch in den Endungen allerlei Eigenschaften zur Geltung.

Fehlen die Endstriche ganz, bleibt der letzte Buchstabe gewissermaßen unvollendet, indem sogleich mit dem nächsten Wort begonnen wird, so geht der Schreiber rasch von einem Entschluß zum anderen über und besitzt, wie schon unter Nr. 106 erwähnt, viel Initiative.

[Handschriftprobe]

Nr. 118.

Macht der ganze Schrifttypus einen derben oder kraftvollen Eindruck, dann muß man unbedingt auch auf gelegentliche Schroffheit schließen, namentlich, wenn an manchen Stellen solche wuchtige, verstärkte Endungen vorkommen, wie in Nr. 118.

Auch in den nächsten Schriftzügen Nr. 119, 120, 121 und 122 mit den verstärkten Endstrichen tritt viel Schroffheit, Rücksichtslosigkeit, ja sogar gelegentliche Brutalität und Grausamkeit hervor.

Nr. 119.

Nr. 120.

Nr. 121.

Nr. 122.

Fallen die verdickten Endstriche abwärts, so wird sich der Schreiber oft verächtlich über seine Mitmenschen äußern und mitunter auch sehr spöttisch und ironisch sein.

Nr. 123.

Lang herausfahrende Endstriche deuten auf Schwatzhaftigkeit und Offenherzigkeit (Nr. 13). Wenn aber, wie in der Schrift Nr. 124, fest geschlossene

Buchstaben „a" und „o" enthalten sind, die auf Verschlossenheit weisen, so ist anzunehmen, daß die
Schreiberin wohl im allgemeinen sehr geschwätzig,
ja sogar klatschsüchtig ist, in einzelnen Fällen aber
auch zur Verschwiegenheit und Heimlichkeit neigt.

Nr. 124.

Sind also in einer Schrift gleichzeitig Zeichen
von Verschwiegenheit und Offenheit enthalten, so geht
daraus hervor, daß die Schreiberin — je nach den
Umständen — diskret oder mitteilsam ist, sich über
andere Menschen gern aufhält, aber ihre eigenen
Fehler geschickt zu vertuschen weiß.

Lange Endstriche in Schriften mit offenen u-
Bogen deuten auch auf große Offenherzigkeit und
Freigebigkeit.

So deutet die nächste, weitläufige Schrift auf
eine sehr sympathische, freundliche, wohlwollende
und gutherzige Frauennatur.

Nr. 125.

Wie ihr die Worte leicht von den Lippen fließen, so fließt ihr auch leicht das Geld aus der Hand. Sie ist stets gefällig und hilfsbereit und ganz und gar von dem Grundsatz beseelt, daß: „Geben seliger, als Nehmen" ist. —

Sind die Endungen aber am Schluß mit einem Haken versehen, der gewissermaßen die Handbewegung des Heranziehens markiert, so ist der Schreiber nicht ohne Selbstsucht und Berechnung.

Nr. 126.

Auch in den nächsten Schriftproben Nr. 127, 128 und 129 sind starke selbstsüchtige Regungen in Verbindung mit Eigenwilligkeit ausgeprägt, die sich besonders in den vorzeitig umgebogenen Endungen der Schleifen g, h, z in den letzten Schriften zeigt.

Nr. 127.

Die vorzeitig herumgebogenen, nach rechts auslaufenden Endungen, wie in Nr. 128—130, deuten

Nr. 128.

Nr. 129.

aber nicht nur auf Eigenwilligkeit, sondern auch auf Neigung zum Tonangeben im familiären Kreise.

Nr. 130.

Die druckreichen Endungen in Nr. 130 lassen gleichzeitig auf etwas Jähzorn schließen. — Sind die

Endstriche, besonders am „t", säbelförmig umge-
bogen, wie in den nächsten zwei Schriftproben, so
besitzt der Schreiber viel resolute Tatkraft, Energie
und Kampfesgeist. Er setzt allen Schwierigkeiten,
die das Leben mit sich bringt, viel Mut und Entschlossenheit entgegen.

Nr. 131.   Nr. 132.

Schlaff herabhängende Endungen aber, wie in
Nr. 38, deuten auf Resignation.

Werden die Buchstaben nach dem Ende des
Wortes immer größer, wie in diesem Beispiel Nr. 133,

Nr. 133.   Nr. 134.

so kann man mit Sicherheit annehmen, daß der
Schreiber noch viel Harmlosigkeit und Vertrauensseligkeit besitzt und oft recht unüberlegt alles aus-
plaudert, während der mit der dolchartig zugespitzten
Endung von Nr. 134 sich nicht durchschauen läßt,
sondern, wie die Menschen mit den niedrigen oder

fadenförmigen Buchstaben, viel Schlauheit, Finesse und Diplomatie besitzt.

Fangen die Wörter aber erst groß an und werden sie am Schluß immer mehr zugespitzt, so ist auf Mißtrauen, infolge trüber Erfahrungen, zu schließen.

Nr. 135.

Oftmals artet Mißtrauen oder Argwohn auch in krankhafte Furcht und in Verfolgungswahn aus, dann treten außer den zugespitzten Endungen auch allerlei pathologische Symptome in der Schrift auf.

Ein spezielles Zeichen von großer Angst und Seelenqual, das ich vorwiegend in den Schriften derer fand, die unter irgend einem äußeren Zwang oder unter einer tiefen Gemütsdepression leiden, ist das zusammengekrümmte kleine „d“, wie in der folgenden Schriftprobe 136.

Nr. 136.

Durch derartige pathologische Symptome in der Schrift eines hochgradig Nervösen zeigte sich schon das erste Stadium der Geisteskrankheit. Ein halbes Jahr nach der Niederschrift dieser Zeilen starb deren Urheber an Gehirnerweichung im Irrenhaus. —

Die nur punktierten Buchstaben in leichten, schwungvollen Zügen deuten auf Klugheit, List und Undurchdringlichkeit in Verbindung mit Liebenswürdigkeit und Lebensfreude.

Nr. 137.

„Der Kavalier genießt und schweigt", kann man von dem Schreiber dieser flotten, hastig hingeworfenen Züge sagen. Er wird sich bei seinem Raffinement und bei seiner Geistesgewandtheit auf einem Unrecht sicher nicht ertappen lassen.

Nr. 138.

Die eingerollten Endungen der Schleifenzüge in Nr. 138 sind Zeichen von Falschheit und Hinterlist, und die gerundeten Endungen in Nr. 139, die mit einem Punkt schließen, deuten auf Dienstfertigkeit aus Berechnung.

Nr. 139.

Auch in einzelnen Namenszügen treten oft besonders charakteristische Züge des Schreibers hervor.

H. Wedemeyer.

Nr. 140.

Alfred Stint

Nr. 141.

So zeigt sich in der schwungvollen Schrift Nr. 140 mit der violinschlüsselartigen Endung: Sinn für Musik und Gesang; in der zurückbiegenden Endung des „t" im Namenszug Nr. 141: Unabhängigkeitsbedürfnis und Unbekümmertsein um die Ansichten anderer; in der geringelten Unterstreichung „Paul Lindenbergs": Lebensfreude, Eitelkeit und Selbstvertrauen, sowie etwas Neigung zum Herrschen, und in dem Schriftbild 143, durch die eigenartige Verbindung der Buchstaben: Diplomatie und Verheimlichungssinn. Der lange, den ganzen Namen überschattende Endstrich des „W" in Nr. 144 aber verrät, daß der Schreiber einen großen Planreichtum, Anordnungstalent und viel Unternehmungsgeist besitzt und gern neue Verbindungen anknüpft, um alle Interessen wahrzunehmen.

Paul Lindenberg

Nr. 142.

Ihr W. Bauch

Nr. 143.

[Unterschrift: Walter Markgraf]

Nr. 144.

Die besondere Unterstreichung des Namens aber weist noch auf Selbstbewußtsein, während die, im spitzen Winkel erst nach links zurückgehende und dann rechtsläufige Paraphe in Nr. 145 auf ein anfangs vorsichtiges Überlegen und darauf folgende An- griffslust deutet.

[Unterschrift Nr. 145]

Nr. 145.

Mit diesen speziellen Zeichen sind natürlich noch nicht alle erschöpft, da jede Schrift wieder andere Eigentümlichkeiten enthält. Es sind aber doch die am meisten vorkommenden, sodaß Sie nach deren Kenntnis und genauer Beobachtung schon vortreffliche Urteile erzielen können.

Kommen Ihnen aber einmal ganz außergewöhn- liche Schriftarten in die Hände, so bin ich jederzeit zur besonderen Erklärung dieser Eigentümlichkeiten bereit.

Eventuelle Korrekturen Ihrer Urteile über Schriften, bei deren Deutung Sie noch unsicher sind, übernehme ich ebenfalls gern unter den günstigsten Bedingungen, sodaß Sie auf diese Weise den Unterricht nach Belieben fortsetzen und Ihre Kenntnisse auf graphologischem Gebiet immer mehr erweitern können.

* * *

Hiermit schließt der erste Teil des graphologischen Unterrichtes, in dem besonders die Schrifteigentümlichkeiten zur Sprache kamen, die auch die Minderbegabten leicht erfassen können.

Nun darf man freilich nicht glauben, daß jeder, der diese speziellen, leicht ins Auge fallenden Zeichen kennt und danach die Haupteigenschaften eines Schreibers festzustellen vermag, schon ein geschickter Graphologe ist. Die Ausarbeitung und Gestaltung der Charakterskizzen an der Hand dieser wissenschaftlich feststehenden Zeichen ist wieder eine Kunst für sich.

Wie nicht jeder, der die Noten kennt, gleich ein Musikstück tadellos spielen oder gar komponieren kann, so wird auch nicht jeder, der die graphologischen Grundlagen kennt, gleich treffende Charakterskizzen entwerfen können.

Wie bei allem, so kann man auch hier sagen: „Übung macht den Meister."

Für die in der Graphologie schon weiter Fortgeschrittenen füge ich noch eine Reihe Schriftbilder an, auf die ich bei der Zusammenstellung der Eigenschaften und Charakterzüge hinweise.

Sehr gespannt Ihre Antwort
wartend.

Gräfin Mariette

Nr. 146.

Ungezählte Male hab
ich Ihnen schon für
Ihren lieben Brief

Nr. 147.

Nr. 148.

mit einer Bitte an
Sie. Ich habe mir in
Wien mir 1 Hut ge-
kauft, benötige da-

Nr. 149.

Bin mehr und mehr zu
der Überzeugung gelangen
daß der Preis in Kurzem
mindern darf und muß, wie
sie jetzt noch sehr hoch ist

Nr. 150.

mich mit meiner Selbstständigkeit
nehmen lassen? Ein Mann, wenn er
liebt, will die Frau mit Haut u.
Haaren und ich kann nicht theilen,
ich muß ich sein und ihr! —

Nr. 151.

[handschriftlicher Text, Nr. 152]

Nr. 152.

[handschriftlicher Text, Nr. 153]

Nr. 153.

[handschriftlicher Text, Nr. 154]

Nr. 154.

brennende Schmerzen ziehen mich zu
Dir hin, daß ich nur den einen
Wunsch habe, bei Dir zu sein, Dich
fest an mich zu pressen und meinen
Tränen freien Lauf zu lassen. Niemand
ahnt, wie tief unglücklich ich bin.

Nr. 155.

anliegende Arbeit, "das liebe Ich" gegen.
In meiner Schriftstellerei geht es auch auswärts,
ich bin ständige Mitarbeiterin der "statist-
tischen "Baltischen Frauenzeitschrift"

Nr. 156.

allermeist nicht, "einen allgemeinen" der
man es wirklich sagen kann,
in aktueller politischer Art, u
Interesse haben. Einige er

Nr. 157.

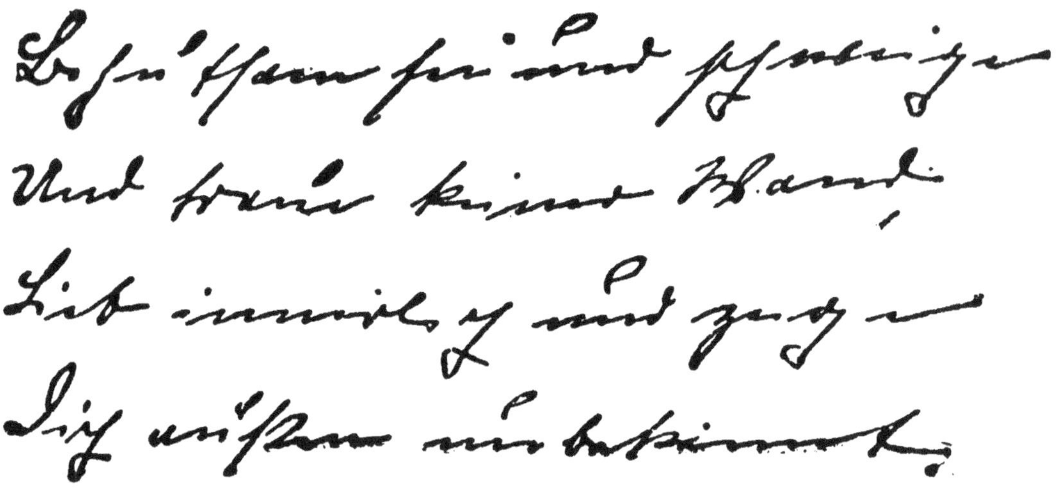

Nr. 158.

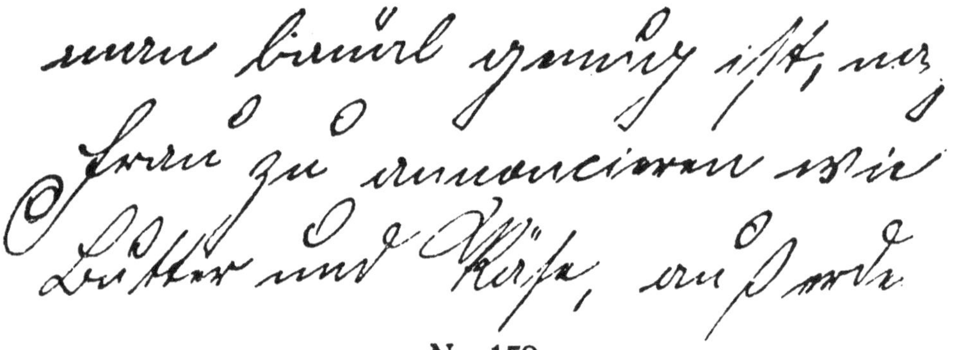

Nr. 159.

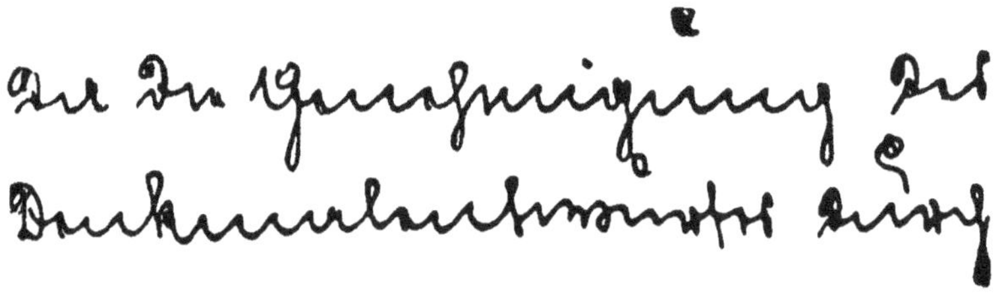

Nr. 160.

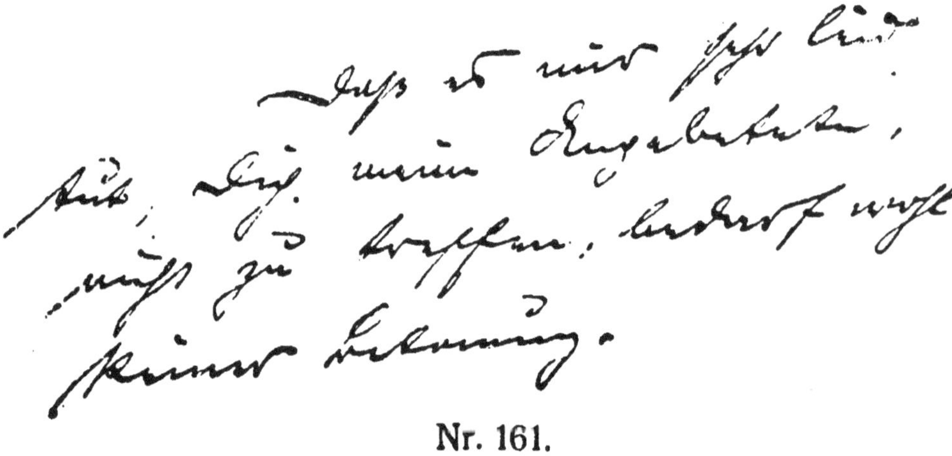

Nr. 161.

Kannst Du dir denn
garnicht denken, wie mich
die Verhältnisse nieder=
drücken? Verstehst Du

Nr. 162.

Und wenn Ihnen etwas nicht paßt
so schlagen Sie mit der Faust auf den Tisch.
Ich liebe das Kraftvolle!

Nr. 163.

mein Beruf nimmt meine ganze Zeit
und Kraft in Anspruch, dabei arbeite
ich fleißig an meiner weiteren Fortbild.

Nr. 164.

aber erstens, was ich doch meine
Liebste, mein Liebling, wieder
Ich werde auch, sobald es mir
Zeit erlaubt, immer nach Dir

Nr. 165.

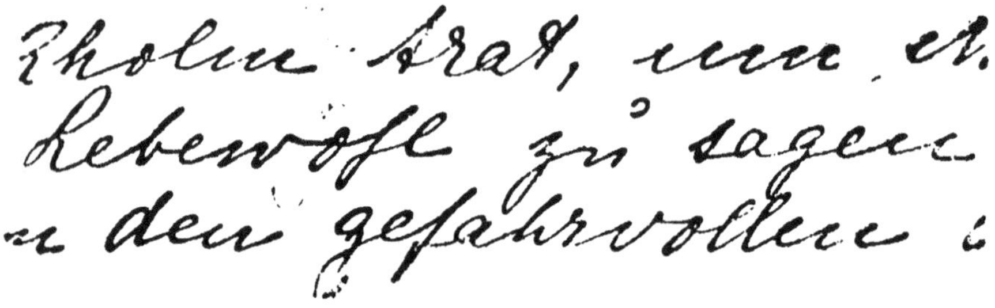

Nr. 166.

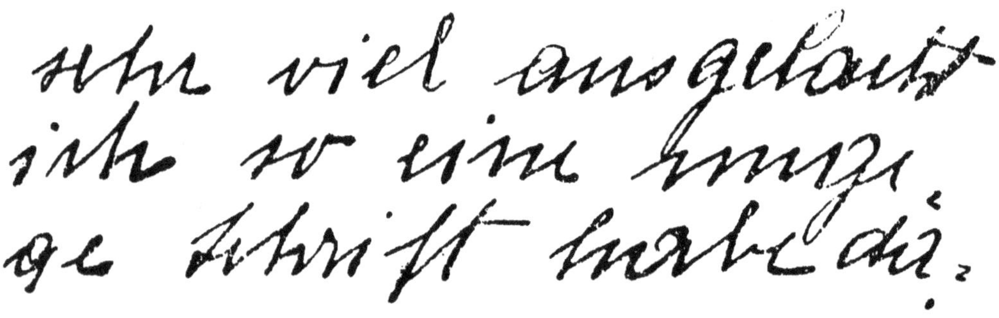

Nr. 167.

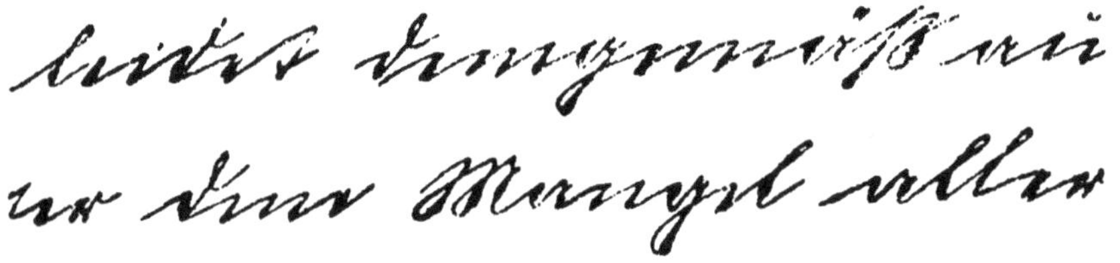

Nr. 168.

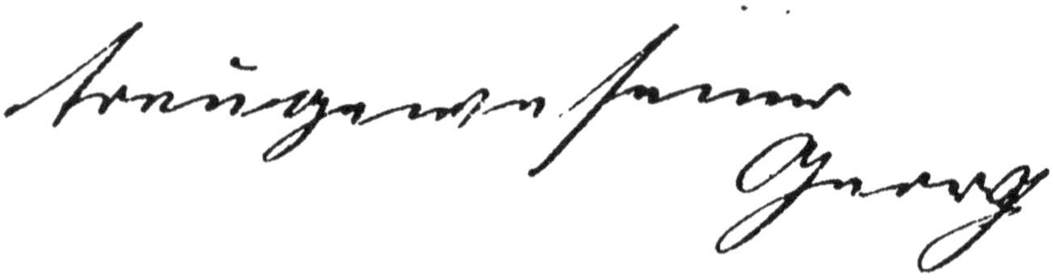

Nr. 169.

Schriften mit pathologischen Symptomen.

(Nr. 170—179.)

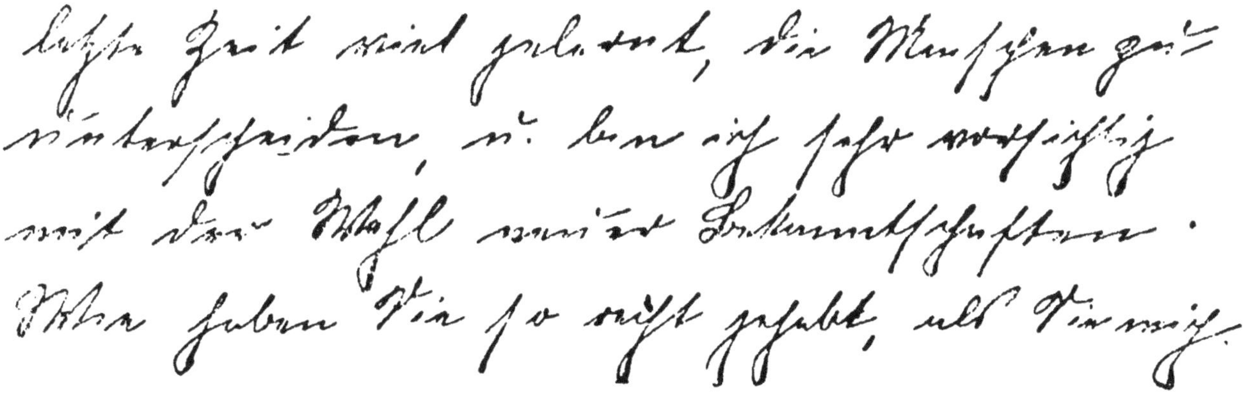

Nr. 170.

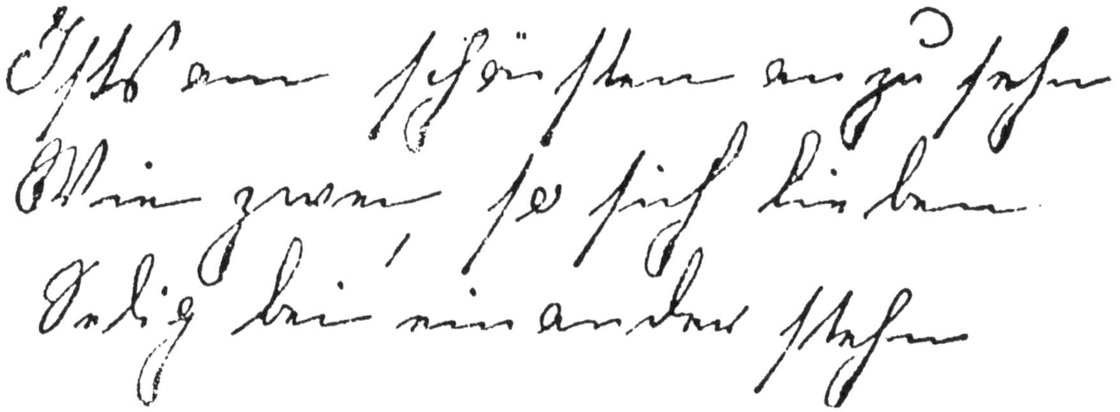

Nr. 171.

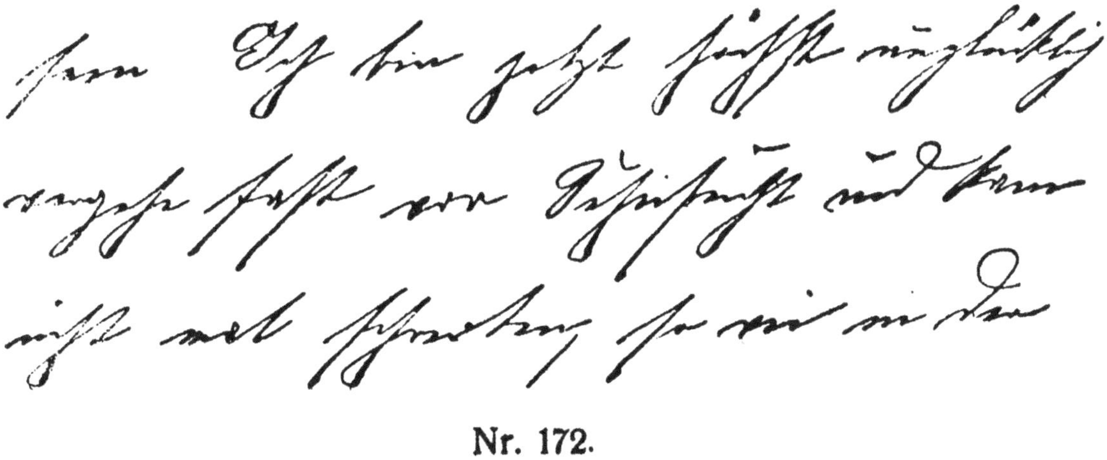

Nr. 172.

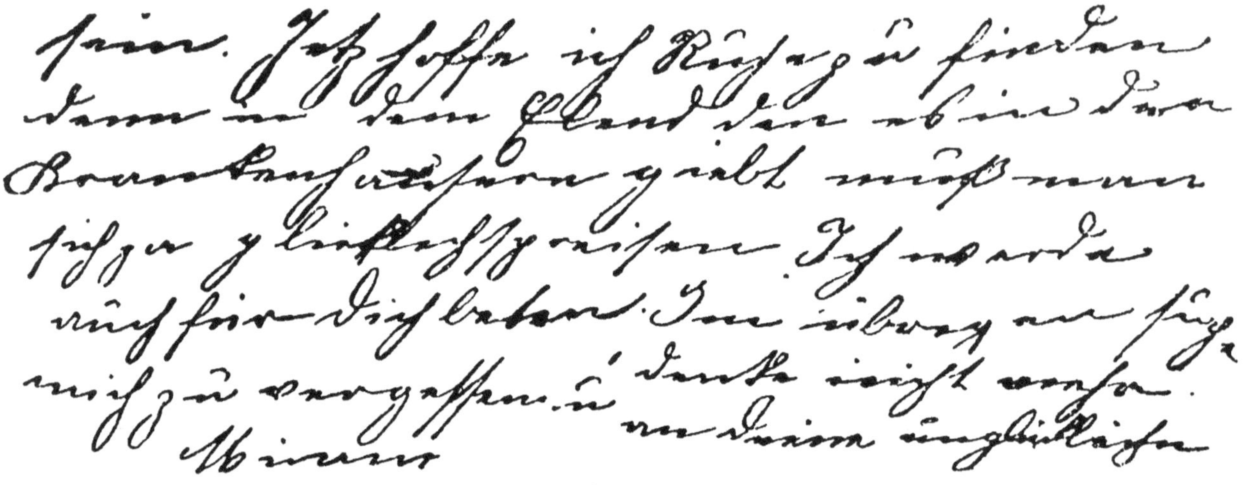

Nr. 173.

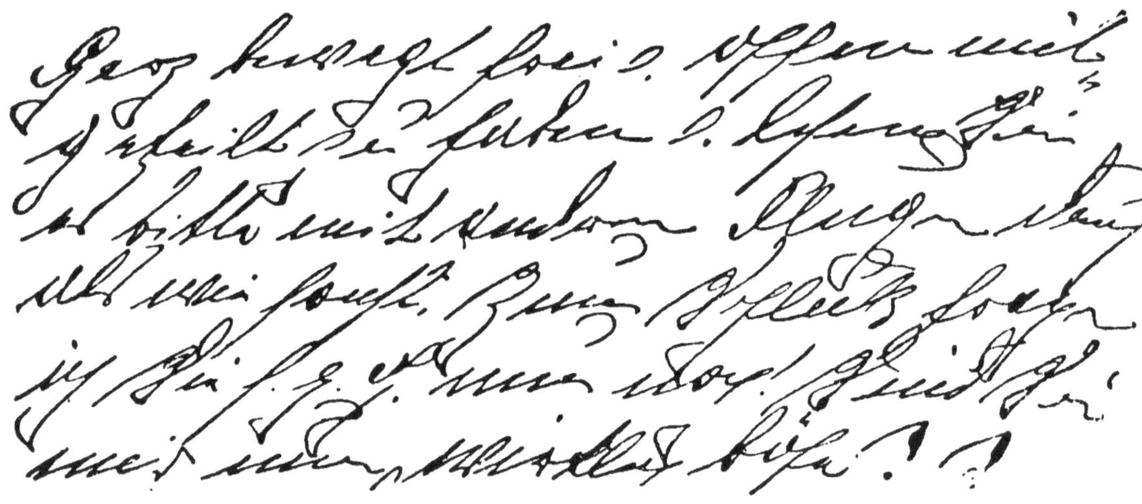

Nr. 174.

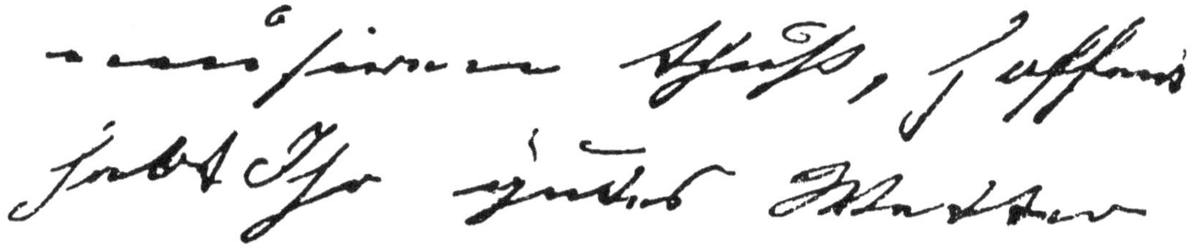

Nr. 175.

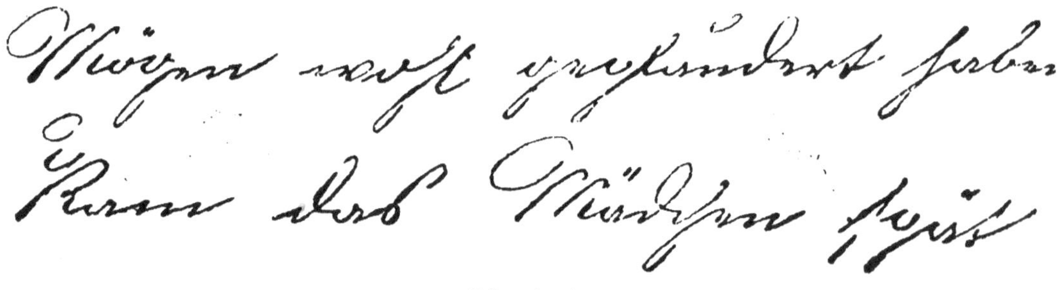

Nr. 176.

(handschriftlicher Text, Nr. 177)

Nr. 177.

(handschriftlicher Text, Nr. 178)

Nr. 178.

(handschriftlicher Text, Nr. 179)

Nr. 179.

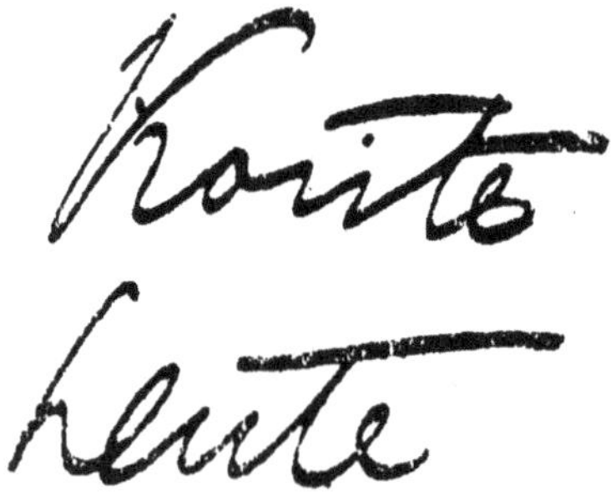

Nr. 180.

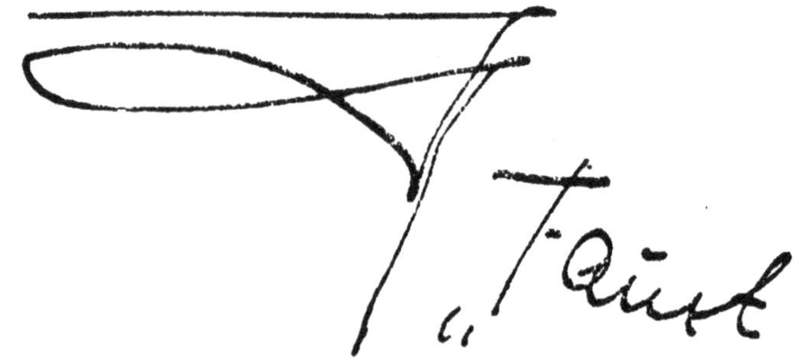

Nr. 181.

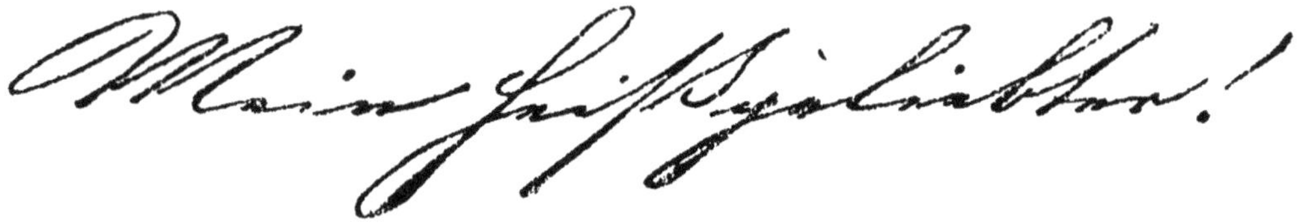

Nr. 182.

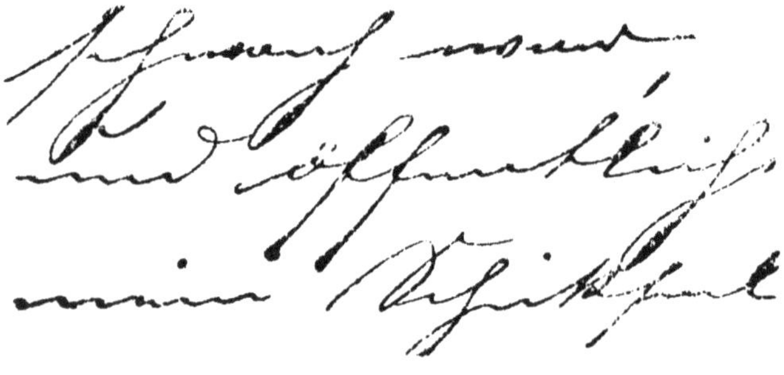

Nr. 183.

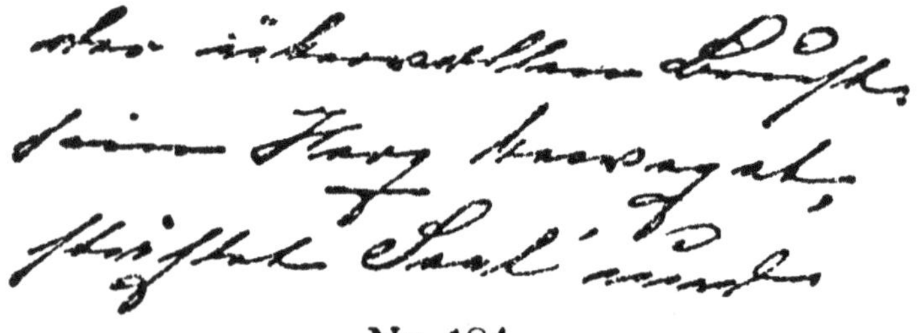

Nr. 184.

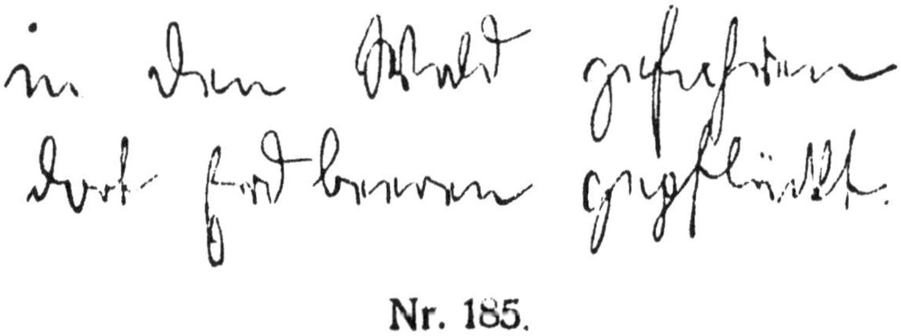

Nr. 185.

unglaubliche Einfachheit?

persönlich
stets ein hingetriebnes u.

Nr. 186.

Ihr getreuer Freund

Nr. 187.

Zeitung gelesen
hier in Süd-Ameri

Nr. 188.

V. B. Die Schrift rührt von einem
Herrn her.

Nr. 189.

im beschreiblichen Zustand

Nr. 190.

Über 500

aus den Handschriften ersichtliche

Eigenschaften und

Charakterzüge.

————•◦•————

Aberglaube besitzt kein spezielles graphologisches Zeichen, ist aber — da er meistens mit Naivität, übertriebener Einbildungskraft und Vertrauensseligkeit verbunden ist, bei den Menschen zu finden, in deren Schriften sich diese Eigenschaften widerspiegeln, prägt sich also mehr in größeren, schulmäßigen oder kindlich-naiven Schriften mit langen Endstrichen und größer werdenden Wortendungen aus, wie in Nr. 2, 3, 7, 13, 25, 28, 44, 83.

Affektiertheit prägt sich in unnützen Schnörkeleien und besonders in den eingefügten Eckchen und Schleifen der Buchstaben g, h, j, p und z aus, wie in Nr. 82, 115—117 und 184.

Ängstlichkeit tritt in Verbindung mit Schüchternheit, Mutlosigkeit und Verlegenheit in unsicheren, zaghaften Schriften auf, wie in Nr. 4, 5, 6, 12, 26, oder in zittrigen, zersplitterten Schriften mit pathologischen Symptomen: Nr. 170—176 u. a.

Ärger oder verdrießliche Stimmung zeigt sich in hastiger Schrift mit spitzigen oder abgebrochenen Zügen, z. B. im „d" ohne Rundung in Nr. 11 und in unruhigen Schriften Nr. 16, 20, 27, 43 u. a.

Ästhetischer Sinn offenbart sich vor allem in abgerundeten, eigenartig gebildeten Schriften mit anmutigen Kurven oder typographischen Buchstabenformen, sowie in hübschen Verzierungen. Nr. 14, 17, 33, 34, 35, 59, 90. Menschen mit ästhetischem Sinn besitzen auch Sanftmut, Zartfühligkeit, geben in der Unterhaltung geistreiche und feinsinnige Antworten, kennen kein triviales Lachen und haben keine Freude an plumpen Scherzen, wie die Leute mit niedriger Gesinnung und gewöhnlichem Geschmack.

Akkuratesse liegt in allen ordentlichen, sauberen und korrekt gebildeten Schriften. Nr. 3, 21, 31, 40, 41, 42, 44, 66, 73, 81, 83, 85 u. a.

Anerkennungssucht oder der Wunsch nach Lob und Anerkennung zeigt sich in geneigter Schrift, in der noch besondere Zeichen für Eigenliebe, Eitelkeit oder Selbstbewunderung ausgeprägt sind: Nr. 10, 14, 23, 24, 31, 32, 33, 34 u. a., oder in schwungvollen Schriften mit verschnörkeltem Namenszug: Nr. 110, 111, 113.

Angriffslust dokumentiert sich in lebhaften, scharfkantigen Schriften mit langen Anstrichen oder schroff herausfahrenden Endstrichen. Nr. 7, 13, 19, 20, 31, 58 u. a.

Angst (siehe Ängstlichkeit) zeigt sich unter anderem im zusammengekrümmten Buchstaben „d", besonders in Nr. 136.

Anhänglichkeit kann man voraussetzen, wenn sich in einer möglichst gleichmäßigen, sympathischen Schrift Beständigkeit, Treue und Fürsorglichkeit widerspiegeln. Nr. 21, 25, 40, 41, 42, 44, 66, 67, 73, 81, 85 u. a.

Ankämpfen gegen Entmutigung ersieht man aus ungleichmäßiger Schrift, deren einzelne Wörter sinken, während der Anfangsbuchstabe des folgenden Wortes wieder höher gestellt ist. Nr. 11, 38, 48, 62, 149 und 161.

Anlehnungsbedürfnis ist aus sehr zarten, dünnen oder aus schrägen Girlandenschriften zu erkennen. Nr. 6, 12, 45 u. a.

Anmaßung ist aus ziemlich großen, mit Verzierungen und Schnörkeln geschmückten Buchstaben zu ersehen. Nr. 10, 23, 24, 29, 30, 34, 89, 107 u. a.

Anmut zeigt sich in maßvollen, harmonischen Schriften mit unwillkürlich entstehenden Verzierungen, niemals aber in geschmacklosen Schnörkeleien. Sie tritt meistens in Verbindung mit Sanftmut und Feinfühligkeit in steilen Girlandenschriften auf. Nr. 59, 67 u. a.

Anordnungssinn erkennt man aus dem klaren Gesamteindruck der Handschriften, wie Nr. 14, 17, 21, 31, 59 u. a., sowie aus schön arrangierten Adressenaufschriften oder aus hübschen Schlußparagraphen, wie Nr. 113 und 144.

Anpassungsvermögen ist aus leicht dahingleitenden, oder etwas abgerundeten Schriften mit gewundener Zeilenführung ersichtlich, — sowie aus breiten Schleifenzügen. Nr. 93.

Anspruchslosigkeit liegt in einfachen, ziemlich kleinen oder mittelmäßigen Schriften, die frei von jeder unnützen Schnörkelei oder Verzierung sind, wie Nr. 12, 25, 26—28 u. a.

Anstand prägt sich in klaren, korrekten oder steilen Schriftzügen aus, wie in Nr. 14, 17, 21, 33, 40—42 u. a.

Anstrengung oder Verwertung aller Kräfte läßt sich aus starken Schriftzügen mit langen, dicken t-Querstrichen oder wuchtigen Verstärkungen erkennen, wie in Nr. 14, 18, 31, 50, 80, 118, 180.

Apathie ist dagegen aus langsamen, nachlässigen Schriften oder aus schlaff herabhängenden Federzügen zu ersehen. Nr. 11, 26, 76.

Arbeitsamkeit prägt sich vor allem in rasch hingeworfenen oder flotten Zügen aus, wie in Nr. 10,

22, 58, 62 u. a. oder in korrekten Schriften mit regelmäßigem Wechsel von Haar- und Grundstrichen.

Arbeitskraft dokumentiert sich auch in starken und energischen Schriften mit breiten Schleifenzügen. Nr. 15, 31, 88, 95, 98 u. a.

Aristokratische Lebensweise tritt besonders in Schriften mit hohen Kleinbuchstaben oder in steilen oder linksschrägen Schriften hervor. Nr. 34—37, 60, 89 und 145—147.

Aristokratisches Selbstgefühl in ebensolchen, und noch besonders in den treppenförmig abgestuften Buchstaben „M" und „N", deren erster Schenkel höher ist als der folgende. Nr. 97 und 147.

Arroganz kommt in großzügigen, aufgeblähten oder übermäßig verschnörkelten Schriften zum Ausdruck. Nr. 15, 34, 89, 111.

Assimilationsfähigkeit besitzen die Menschen, die verschiedenartig bald groß, bald kleiner, je nach dem ihnen zur Verfügung stehenden Raum schreiben. Nr. 62 und 76.

Aufbrausendes Wesen oder **Jähzorn** ist aus plötzlichen derben Druckstellen, wie in Nr. 13, 23, 24, 30, 48, 80, 82, 95 und 118, oder aus akzentförmigen i-Punkten in abgerissenen Schriftzügen erkennbar. Nr. 102 und 103.

Auffassungsgabe in Verbindung mit rascher Entschlußfähigkeit liegt in allen flotten Schriftzügen, die eine lebhafte Erregung der Gehirntätigkeit voraussetzen. Nr. 10, 14, 31, 33, 47, 50, 57, 58 u. a.

Aufgeregtheit offenbart sich in hastigen, lebhaften Schriften mit abgebrochenen Endungen oder kommaförmigen i-Punkten. Nr. 16, 19, 20, 43, 50, 62, 71, 95, 101—104 u. a.

Aufmerksamkeit zeigt sich in maßvollen Handschriften mit genauer Interpunktion und keinen
zu großen Federbewegungen, in Nr. 3, 14, 21, 31,
40—42 u. a.

Aufopferungsfähigkeit offenbart sich in weiten,
an der Linienbasis abgerundeten Schriften, oder
in denen, mit weiten Zwischenräumen und Zeichen
von Freigebigkeit und Wohlwollen. Nr. 45, 67, 93.

Aufregung kommt durch ungleiche, auffallende,
eckige, verwickelte oder durch unverbundene und
zersplitterte Züge zum Ausdruck. (Siehe auch
Aufgeregtheit.)

Aufrichtigkeit spiegelt sich in einfachen, klaren
Schriften mit offenen Buchstaben a, o, g etc.
wieder, sowie durch Worte, die nach dem Ende
zu immer größer werden. Nr. 3, 21, 28, 44, 83 u. a.

Ausdauer ist aus ruhigen, festen Zügen mit gerader
Zeilenführung ersichtlich, Nr. 10, 14, 21, 31, 58,
60 u. a., sowie aus der Gleichmäßigkeit der Querstriche am t.

Beeinflußbarkeit offenbart sich vorwiegend in ungleichmäßigen Girlandenschriften oder in schwachen, nachlässigen Zügen. Nr. 45, 48, 72, 76, 87 u. a.

Befehlshaberei und herrschsüchtige Neigungen bekunden alle hochgesetzten oder wuchtigen t-Querstriche, wie in Nr. 31, 50, 59, 80, 146, 149 und 180.

Begeisterung kommt in zarten oder schwungvollen
Schriften mit lebhaften, ungleichen Federzügen
zum Ausdruck, da die handschriftliche Bewegung
gewissermaßen eine Äußerung der Gesten ist und
auch mit dem Mienenspiel übereinstimmend ist.
Ausdrucksvolle Schriften, wie Nr. 10, 14, 16, 29, 30,
32—34, 75, 82, 91—93, 95—97 u. a., lassen also

auf begeisterungsvolle, lebhafte Menschen schließen, während langsame Schablonenschriften auf
stumpfsinnige und langweilige Menschen deuten.

Beharrlichkeit zeigt sich in gleichmäßiger Schrift
mit korrekter Zeilenführung, Nr. 21, 73 u. a., sowie
in Schriften mit festgeknoteten Häkchen am t,
Nr. 10, 31, 58, 105, 118 u. a.

Beherrschung offenbart sich mit Vernunft und
Willenskraft in senkrechter, maßvoller Schrift.
Nr. 14, 17, 46, 59, 65, 66, 67—69 u. a.

Behutsamkeit dokumentiert sich in kleineren Schriftzügen, deren Endstriche gemäßigt sind, oder durch
fadenförmigen Duktus, Nr. 27, 43, 53, 54, 55, 56,
57 u. a., sowie durch geschlossenen u-Bogen,
Nr. 158, 159.

Beobachtungsgabe ist ebenfalls in kleineren Schriften besonders ausgeprägt. Nr. 43, 53, 54, 55 u. a.

Berechnung in Verbindung mit Klugheit und Zurückhaltung ist aus steilen, langsamen Schriften
ersichtlich, Nr. 56, 68, 69, 70, 97, sowie aus Buchstaben mit stark markierten Punkten am Anfang
und Ende und aus sehr niedrig gesetzten i-Punkten,
Nr. 37, 54, 65, 129 u. a.

Beschaulichkeit liegt in klarer, ruhiger, gemäßigter
Schrift, wie Nr. 17, 66, 67, 90, 94 u. a.

Bescheidenheit ist aus einfacher, natürlicher Schrift
ohne Schnörkeleien oder Verzierungen zu lesen.
Nr. 21, 25—28 u. a.

Beschränktheit unbedeutender Menschen, die
schwer von Begriffen und plump in ihrer Ausdrucksweise sind, ist aus schulmäßigen oder derben
Schriften ersichtlich. Nr. 48, 104 und 179.

Besitzliebe geht aus Schriften mit stark markierten
Punkten am Wortanfang hervor. Nr. 65, 189.

Besonnenheit offenbart sich in kleinen, ordentlichen Schriften. Nr. 21, 41, 53, 55 u. a.

Beständigkeit zeigt sich vor allem in regelmäßigen Schriften mit gerader Zeilenführung. Nr. 73 u. a.

Bestimmtheit ebenfalls in Nr. 73 und in Schriften mit eckiger Buchstabenverbindung wie in Nr. 58.

Betrügerei und Vorliebe für kleine Umwege ist aus kleinen Ringelchen und Schlingen an manchen Buchstaben erkennbar, wie in Nr. 114 und 179.

Beweglichkeit schließt man aus flotten, schwungvollen, rasch hingeworfenen oder emporsteigenden Schriften. Nr. 10, 19, 20, 22, 29, 30, 32, 47, 58 u. a.

Bewunderungsfähigkeit kommt in lebhaften Schriften mit großen Kurven — Zeichen von Einbildungskraft — und in Buchstaben mit Ausdehnungen nach der Höhe zum Ausdruck: Nr. 29, 30, 33, 59, 92, 93 u. a.

Biederkeit ruht in einfachen, schlichten, schmucklosen Schriften, wie Nr. 21, 75, 94 u. a.

Bildung ersieht man im allgemeinen schon aus dem Gesamteindruck hübsch und eigenartig geformter Buchstaben, wie Nr. 14, 17, 31, 33 u. a.

Bildungsmangel ist aus schulmäßigen, unbeholfenen oder plumpen Schriften zu schließen. Nr. 4, 5, 48 u. a.

Bitterkeit markiert sich in aufgeregten Schriften durch häufigen Fortfall von Buchstabenteilen und durch abgerissene Züge. Nr. 43, 54, 103.

Blasiertheit oder Übersättigung zeigt sich durch schlaffe, oft zittrige und nervöse Züge. Nr. 16.

Borniertheit (siehe Beschränktheit).

Bosheit läßt sich aus spitzigen Zügen herauslesen. Nr. 84, 86, 97 u. a.

Brutalität aber markiert sich durch wuchtige

Endstriche und keulenförmige Überstreichungen. Nr. 119—122, 130, 180.

Caprice zeigt sich durch die hin- und herschwanken- den Buchstaben und durch plötzliche Druckstellen, wie in Nr. 20, 23, 61, 82 u. a.

Charakterstärke offenbart sich durch senkrechte oder feste und gleichmäßige Schriftzüge. Nr. 31, 59, 60, 65, 66, 67 u. a.

Cholerisches Temperament ist durch ungleiche, aufgeregte Schriftzüge erkennbar. Nr. 16, 20, 48, 75, 80, 86, 101—104 u. a.

Dankbarkeit bekundet eine an der Linienbasis ab- gerundete oder sympathische regelmäßige Schrift, wie Nr. 21, 45, 66, 67, 77 u. a.

Deduktion und rasche Gedankenverbindung mar- kiert sich durch verbundene Worte oder durch das Hinüberziehen der i-Punkte und u-Bogen zum nächsten Buchstaben. Nr. 78, 190.

Demut ist aus einfachen, natürlichen oder zarten, girlandenförmigen Schriften ohne Schnörkel er- kennbar. Nr. 21, 25, 26, 45 u. a.

Depression zeigt sich durch schlaff herabhängende Züge und eine sinkende Zeilenrichtung. Nr. 11, 38, 76.

Derbheit kommt durch plumpe Züge und durch schroff herausfahrende Endungen zum Vorschein in Nr. 48, 49, 71, 98 bis 104, 118 u. a.

Despotismus (siehe Befehlshaberei).

Dienstfertigkeit und Gefälligkeit zeigt sich durch abgerundete Endungen. Nr. 10, 42, 59, 93 u. a., Dienstfertigkeit aus Berechnung durch Endungen mit Punkten. Nr. 99, 129 und 139.

Diskretion wird durch kleiner werdende Worte, geschlossene Buchstaben und kreisförmige u-Bogen angedeutet. Nr. 5, 54—57, 134 u. a.

Diplomatie ersieht man vor allem aus gewundener Zeilenführung, wie aus Nr. 74 u. a. — aus fadenförmigen Schriften, wie Nr. 55—57, oder aus solchen, wo nur die Endsilben dolchartig zugespitzt sind, wie Nr. 134.

Dominationslust zeigt sich durch große Überstreichungen, die oft ganze Worte überschatten, wie in Nr. 59 und 144.

Dünkel geht aus unschön geformten, aufgeblähten Zügen hervor, wie Nr. 24, sowie auch aus den hochgezogenen Schleifen der Buchstaben v, w in Nr. 150.

Dummheit schließt man aus derben, plumpen Zügen oder aus unbeholfenen Schulschriften. Nr. 104 und 179.

Edelmut prägt sich in großzügigen, feingebildeten und in klaren Schriften mit weiten Räumen zwischen Worten und Zeilen aus, z. B. in Nr. 14, 17, 59, 67, 90, 93 u. a.

Effekthascherei prägt sich durch sonderbare Schnörkeleien und durch auffällige Verzierungen aus, in Nr. 23, 34, 59, 68 (das erste d), ferner in Nr. 110—117.

Egoismus markiert sich in großen Hakenendungen, in Nr. 126, 127—130, sowie auch in kleineren Häkchen am Anfang, in Nr. 36 u. a.

Ehrenhaftigkeit schließt man aus sympathischen, klaren Schriften, die frei von unnützen Schnörkeln sind. Nr. 14, 21, 75, 94 u. a.

Ehrgefühl offenbart sich durch zarte Schriften; ist

es leicht verletzbar, so bäumen sich einzelne
Buchstaben nach links zurück. Nr. 20, 56, 61,
und 136.

Ehrgeiz ist vor allem in lebhaften, schwungvollen
Federzügen, sowie in emporsteigenden Schriften
ausgeprägt. Nr. 29—33, 58, 59, 75, 91—93,
95—97 u. a.

Ehrlichkeit besitzen die Menschen mit horizontaler
Linienführung und möglichst gleichmäßiger Höhe
der Buchstaben. Nr. 2, 3, 21, 31, 75 u. a.

Eifer tritt durch lange Anstriche wie in Nr. 7, 31,
58, 64, 91, sowie durch aufsteigende Linien hervor, Nr. 75, 79, u. a.

Eifersuchtsfähigkeit schließt man aus lebhaften,
ungestümen Schrägschriften, wie Nr. 15, 16, 19,
47—50, 58 u. a.

Eigenartigkeit zeigt sich in typographischen Buchstaben und in schwungvollen unkalligraphischen
Federzügen. Nr. 8, 14, 29, 30 u. a.

Eigenartsmangel schließt man aus Schablonenschriften, wie Nr. 44 u. a.

Eigenliebe zeigt sich durch alle zurückgebogenen
Hakenendungen und besondere Schnörkeleien
oder Schlußparaphen. Nr. 10, 19, 24, 63, 99 u. a.

Eigensinn markiert sich in eckiger Schrift, sowie
in kleinen Häkchen. Nr. 19, 20, 44, 51 u. a.

Eigenwilligkeit kommt durch vorzeitig herum-
gebogene, anstatt heraufgezogene Endungen der
Schleifenzüge g, h, j, p, z zum Ausdruck in
Nr. 82, 109, 112, 113, 128—130.

Eile zeigt sich durch rasch hingeworfene, hastige
Schrift oder durch fadenförmige Endungen. Nr. 16,
55, 58, 75 u. a.

Einbildungskraft offenbart sich in großen, schwungvollen Bogen in Verbindung mit lebhafter Phantasie, Nr. 2, 15, 29, 30, 33, 59, 92 u. a., sowie auch in aufgeblähten d-Köpfen etc. in Nr. 24, 82, 107 u. a.

Eindrucksfähigkeit erkennt man aus schrägen, ziemlich lebhaften und gewandten Schriften. Nr. 7, 10, 13, 15, 16, 19, 22 u. a.

Einfachheit bedeutet die natürliche, zwanglose Schrift, die frei von allen Schnörkeln ist, wie Nr. 21, 25—28 u. a.

Einfalt schließt man aus kindlich-naiven Schriften und aus größer werdenden Wortendungen. Nr. 2, 15, 28, 44, 104 und 133.

Einsamkeitsgefühl offenbart sich in unverbundenen Schriften mit isoliert stehenden Buchstaben in Nr. 155, 156, sowie in zurückgebogenen d-Köpfen, Nr. 162.

Einteilungssinn schließt man aus guter Raumverteilung, richtiger Ausnützung des Papiers und aus gleichmäßigen Abständen der Worte und Zeilen. Die Schriften sind weder zu klein noch zu groß. Nr. 21, 25 bis 28 u. a.

Eitelkeit zeigt sich in schwungvollen Zügen mit kleinen Schnörkeleien oder hüpfenden Buchstaben, sowie auch in eckigen Schriften mit eingefügten Schleifchen etc. Nr. 23, 24, 33, 34, 68, 107 bis 117.

Elastizität kommt durch rundliche Schrift, sowie durch hüpfende Buchstaben zum Ausdruck. Nr. 107, 108, 112 u. a.

Empfänglichkeit (für äußere Eindrücke) zeigt sich durch alle beweglichen, nach rechts geneigten Schriften. Nr. 6, 7, 10, 19, 22, 23 und viele andere.

Empfindlichkeit geht aus sehr zarten Zügen hervor,

wie Nr. 6, 12, 63, aber auch aus zurückgelehnten Schriften, wie Nr. 56, 68, 70 u. a.

Energie bekundet sich natürlich durch kraftvolle, starke Schriften, wie Nr. 9, 10, 15, 31, 36, 37, 39, 50, 58 u. a., oder durch einzelne wuchtige Überstreichungen oder verstärkte Endstriche, wie in Nr. 60, 80, 82, 89, 91, 118 bis 123 u. a.

Engherzigkeit schließt man aus kleinen, korrekten oder aus größeren zusammengedrängten Schriften. Nr. 9, 19, 39, 40 bis 42 u. a.

Enthusiasmus zeigt sich durch übermäßig ausgedehnte Kurven und schwungvolle Bogen, sowie durch das Anbringen vieler Unterstreichungen und Ausrufungszeichen etc. Nr. 29, 30, 33, 34, 47, 59, 92, 107, 162, 177 und 178.

Entkräftigung hat eine nachlässige, schlaffe Handschrift zur Folge. Nr. 26, 38, 76, 136.

Entmutigung zeigt sich ebenfalls in schlaff herabhängenden Worten oder sinkenden Zeilen. Nr. 76, 78.

Entsagung liegt in ruhiger oder linksschräger Schrift, Nr. 17, 70, sowie in dem herabhängenden Häkchen am t, das als spezielles Zeichen für „Resignation" gilt, Nr. 38 und 49.

Entschiedenheit besitzen alle Menschen mit eckig verbundener, scharfkantiger Schrift, wie Nr. 50, 58, 84, 88 u. a.

Entschlossenheit dokumentiert sich in flotten, rasch hingeworfenen Schriften und in Verstärkungen der Endstriche nach unten, wie in Nr. 122.

Entsittlichung zeigt sich in immer mehr absteigenden oder haltlosen und nachlässigen Schriften mit erotischen Schattierungen oder Zeichen von Heuchelei, Lüge und Unmoral. Nr. 158, 159, 170—179.

Enttäuschung geht aus gebrochenen oder eingeknickten Schleifenzügen hervor, wie in den Schriften Nr. 170—174 u. a.

Erbitterung verrät das am Fuß des „t" festgeknotete Häkchen. Nr. 11, 38. (Siehe auch Bitterkeit.)

Erfahrung ist durch ausgeschriebene Handschriften mit kleiner werdenden oder zugespitzten Wortendungen erkennbar in Nr. 55—57, 135 u. a.

Ergebung liegt in girlandenförmiger Schrift. Die Menschen mit solchen abgerundeten Zügen sind am ehesten befähigt, sich dem Willen anderer unterzuordnen und ergeben zu sein. Nr. 45, 67 u. a.

Ermattung oder Ermüdung. (Siehe Depression.)

Ernst tritt durch starke, dunkle Schriften zutage. Nr. 94.

Erregbarkeit sieht man aus unregelmäßigen Schriften. (Siehe Aufgeregtheit.)

Erschlaffung oder Erschöpfung ist aus sinkender Zeilenführung oder aus einzelnen schlaff herabhängenden Silben ersichtlich. (Näheres Seite 66 und 67.)

Erwerbssinn dokumentiert sich durch lange Anstriche in flotter Schrift, sowie durch stark markierte Punkte an manchen Buchstaben. Nr. 58, 65, 189.

Erziehung besitzen die Menschen mit hübsch gebildeten oder steilen Schriften. Nr. 46, 67 u. a.

Esprit haben die lebhaft und schwungvoll Schreibenden, in deren Zügen sich geistige Regsamkeit und Intelligenz widerspiegelt. Nr. 92, 93, 95—97 u. a.

Exzentrizität zeigt sich durch sonderbare, verrückt hingeworfene Buchstaben und Zeichen und durch ineinandergreifende Züge. Nr. 177, 178.

Extravaganz prägt sich ebenfalls durch eigenartige Schnörkeleien, durch sonderbare Punkte und u-Haken und durch seltsame Verzierungen des Namens aus. Nr. 115—117, 160, 181.

Falschheit und Hinterlist verrät sich durch eingerollte oder mit einem Punkt schließende
Endungen der Buchstaben, wie in Nr. 37, 111
und 138.

Familiensinn ist in kleinen, zierlichen Schriften
ausgeprägt. Nr. 40—42 u. a.

Faulheit erkennt man aus langsamen, gar zu rund-
lichen Schriften. Nr. 112.

Feigheit zeigt sich in schlaffen, herabhängenden
Zügen. Nr. 76.

Feinfühligkeit offenbart sich durch feine, zarte und
hübsch gebildete Schriften, wie Nr. 14, 21, 33,
67 u. a.

Feinsinnigkeit durch ebensolche mit zugespitzten
Endstrichen. Nr. 55 u. a.

Festigkeit prägt sich durch kraftvolle, starke Züge,
vorwiegend in eckig verbundener Schrift aus.
Nr. 9, 10, 31, 50, 58 u. a.

Filzigkeit erkennt man aus zu kleinen, zusammengedrängten Schriften oder aus größeren mit Hakenendungen. Nr. 128 und 129.

Finesse ist aus fadenförmiger Schrift, oder aus dolchartig zugespitzten Worten ersichtlich. Nr. 43,
55—57, 134.

Fleiß offenbart sich durch den regelmäßigen Wechsel
von Druck- und Haarstrich, sowie durch lebhafte,
gewandte Schriften. Nr. 3, 21, 40—42 u. a.

Flüchtigkeit zeigt sich durch unschöne oder hastig
hingeworfene Züge mit fadenförmigen Endungen
oder flüchtiger Interpunktion. Nr. 48, 49, 62, 72,
76, 86 u. a.

Formenliebe kommt durch schön gestaltete, der
eigenen Initiative entspringende Anfangsbuchstaben
zum Ausdruck in Nr. 8, 14, 34, 74 u. a.

Formensinn in Bezug auf Etikette und Formalitäten zeigt sich durch Festhalten an kalligraphischen Zügen in Schablonenschriften. Nr. 44, 73 u. a.

Freigebigkeit offenbart sich in ziemlich großzügigen oder weiten Schriften mit langen Endstrichen, wie in Nr. 125 u. a.

Freimut liegt in zwanglosen Schriften mit rasch herausfahrenden, etwas emporgerichteten Endstrichen. Nr. 7, 13, 28, 58 u. a.

Freundlichkeit zeigt sich in geneigter Schrift mit bogenförmigen Anstrichen. Nr. 22, 33, 47, 92, 107 u. a.

Friedfertigkeit liegt in ebenmäßigen oder in weichen Girlandenschriften. Nr. 14, 17, 59, 67 u. a.

Frohsinn zeigt sich durch schwungvolle Züge. Nr. 29, 30, 32—34, 107 u. a.

Furcht kommt in zittrigen, niedrigen Buchstaben und in dem zusammengeknickten „d" besonders zum Ausdruck in Nr. 136.

Gaunerei ersieht man aus ordinärer, gewöhnlicher Schrift, wie in Nr. 48, 86, 87, 99, 104, aber auch aus gebildeten Schriften mit gewundener Zeilenführung und kleinen Ringelchen an manchen Buchstaben, wie in Nr. 114, 115 u. a.

Geckenhaftigkeit zeigt sich durch allerlei eitle Züge, eingefügte Eckchen und spiralenförmige Buchstabenteile. Nr. 10, 107, 109, 110, 111, 126 und 127.

Gedankenlosigkeit schließt man aus verworrenen Schriften mit ineinandergreifenden Buchstaben. Nr. 15, 16, 19, 20, 24, oder aus dem häufigen Fehlen der Interpunktion. Nr. 72 u. a.

Gedankenverbindung (logisch) geht aus verbundener Schrift hervor. Die Endung des d wird zum nächsten Buchstaben herübergezogen. Nr. 3, 10, 13, 21, 23 u. a.

Gediegenheit liegt in einfacher, schnörkelloser, fester Schrift, wie in Nr. 21. 31, 50, 73, 94 u. a.

Geduld prägt sich mehr in weichen, girlandenförmigen Schriften aus. Nr. 45 und 67.

Gefallsucht tritt durch allerlei Verzierungen zutage. (Siehe Effekthascherei und Eitelkeit.)

Gefälligkeit schließt man aus gewandten Schrägschriften mit runden oder langen Endungen, in Nr. 18, 59, 93.

Gefräßigkeit zeigt sich in dicken, verklecksten Schriften untergeordneter Naturen, wie in Nr. 104, oder in einzelnen verschmierten Federzügen, Nr. 25.

Gefügigkeit in Verbindung mit Sanftmut und Geduld liest man aus gleichmäßigen oder abgerundeten Buchstaben mit flachem Bogen am Wortschluß, in Nr. 59, 165, 185 u. a.

Gefühl liegt in schrägen, weiten Schriften mit rechtsläufigen Endstrichen ohne Haken. Nr. 31, 32, 33.

Gefühlsdurchbruch in rasch hingeworfenen Schrägschriften mit oft plötzlich emporfahrenden Federzügen. Nr. 19, 47, 58, 62 u. a.

Gefühlsherrschaft ebenfalls.

Gefühllosigkeit, Strenge und Hartherzigkeit liegt in eckiger, druckreicher, ziemlich enger und nicht zu kleiner Schrift. Nr. 39.

Gefühlsüberschwenglichkeit dagegen offenbart sich in weiten Bogen, in etwas unklarer, verwickelter Schrift, wie Nr. 29, 30.

Gefühlsunterdrückung aber verraten zurückgelehnte oder linksschräge Schriften, wie Nr. 59,
60, 66, 70.

Gehorsamkeit zeigt sich in abgerundeter, dünner,
mittelmäßiger Schrift, mit flachen Bogen am
Wortende und verbundenen Endungen des „d", in
Nr. 165, 185 u. a.

Geistesarbeit ist aus flotten, rasch hingeworfenen,
vorwiegend verbundenen Schriften, sowie aus
fadenförmig verlaufenden Buchstaben erkennbar.
Nr. 14, 43, 55, 57, 58 u. a.

Geistesbildung ersieht man vor allem aus intelligenten, gewandten und lebhaften Schriften, oder
aus typographischen Anfangsbuchstaben, wie Nr. 8,
14, 18, 43.

Geistesgegenwart offenbart sich ebenfalls in
gewandten Schriften mit steigender oder etwas
gewundener Linienführung; sowie auch in Steilschriften, wie Nr. 56, 59, 60, 65, 66, 67 u. a.

Geistesgestörtheit tritt in verworrenen Schriften
mit verkrüppelten oder unsicheren und zittrigen
Buchstaben zutage in Nr. 136, 174, 179.

Geistesgewandtheit erkennt man auch aus absteigenden Wörtern, ohne daß die Zeile abfällt,
wie in Nr. 149 und 161. Der Anfang der nächsten
Worte nach sinkenden Silben steht immer höher
auf der Linie.

Geistesklarheit liegt in allen klaren, ruhigen und
harmonischen Schriften, in denen keine Verwickelungen der Buchstaben vorkommen. Nr. 14, 17,
18, 21, 59, 67, 77 u. a.

Geisteskrankheit zeigt sich durch verschiedene
pathologische Symptome, oft schon lange Zeit

vor dem Ausbruch der Geistesgestörtheit. (Siehe dort.)

Geistesverworrenheit prägt sich vor allem schon in zerfahrenen, unklaren Schriften aus, indem sich die Buchstabenteile einer Zeile in die Schleifenzüge der anderen verwickeln. Nr. 9, 15, 16, 19, 20, 82.

Geiz zeigt sich in kleinen, eng zusammengedrängten Schriften, wie Nr. 128, oder in Schriften, deren Buchstaben im Verhältnis zu ihrer Größe zu eng stehen. Nr. 9, 19.

Gemeinheit liegt in ordinären Zügen, wie Nr. 24, 48, 49, 87, 104.

Gemüt offenbart sich durch Girlandenbindung. Nr. 10, 45, 59, 92, 105, 112 u. a.

Gemütlichkeit ist in leicht dahingleitender, abgerundeter oder in sehr schräger Schrift ausgeprägt, in Nr. 10, 18, 45, 47, 58, 62, 79, 93, 107, 112, 125, 183, 187.

Gemütsreaktion ist aus sinkenden Zeilen ersichtlich. (Siehe unter Depression und Entmutigung.)

Genauigkeit dokumentiert sich durch sehr niedrig gesetzte i-Punkte in ziemlich korrekter Schrift. Nr. 8, 28, 39, 42, 58, 66, 70, 135, 156.

Generosität verrät eine ziemlich schräge, großzügige, weite Schrift, wie Nr. 10, 18, 31, 32 etc. (Steile Lage der Buchstaben schwächt die Bedeutung ab.)

Genialität prägt sich vorwiegend in schwungvollen, lebhaften oder in vereinfachten Schriften aus, niemals aber in Schablonenschriften. Nr. 8, 10, 14, 18, 29, 30, 31, 32, 33—43, 55, 57, 78, 92, 95—97 u. a.

Geniertheit zeigt sich in gewohnheitsmäßig zögernder, unsicherer Schrift, wie Nr. 4, 6, 12, 26, oder in linksschräger Lage der Buchstaben, Nr. 56, 70.

Genügsamkeit liegt in einfachen, mittelmäßigen Schriften. (Siehe unter Bescheidenheit und Einfachheit.)

Genußsucht tritt durch teigigen Schriftduktus oder durch einzelne zusammengeflossene Züge hervor, in Nr. 94, 101, 102, 103, 118.

Genußfreudigkeit in ebensolchen, aber etwas schwungvolleren Schriften, wie Nr. 95, 96, 106—108 u. a.

Gerechtigkeitssinn dokumentiert sich durch kerzengerade, nach rechts auslaufende Endstriche, wie Nr. 18, 59, 60, 67—69, 144, 147, 154 u. a.

Geschäftigkeit liegt in flotten, ausgedehnten Schriften. Nr. 10, 15, 58.

Geschäftsklugheit prägt sich in ebensolchen, mit Zeichen von Egoismus und Berechnung aus, in Nr. 58, 86, 88, 117, 126—129 u. a.

Geringschätzung zeigt sich durch abgekürzte Unterschriften — wenn jemand nicht für nötig hält, seinen Namen auszuschreiben. —

Geschicklichkeit zeigt sich durch flott hingeworfene Buchstaben, die am Ende des Wortes kleiner sind, als am Anfang, in Nr. 16, 55, 76, 137 u. a.

Geschmack prägt sich in allen schön geschwungenen Federzügen, sowie in typographischen Buchstaben und harmonischen Schriften aus. Nr. 8, 14, 34, 59 u. a.

Geschmacklosigkeit schließt man aus plumpen, aufgeblähten oder weitschweifigen Schnörkeln, sowie aus ungleicher Anordnung der Ränder. Nr. 24, 48, 99, 104.

Geschmeidigkeit liegt in gewundenen Handschriften, sowie in beweglichen, schwungvollen Zügen. Nr. 55, 57, 61, 74, 162, 185 u. a.

Geselligkeit besitzen die Menschen mit weitge-
zogenen, schnellen, schrägen und verbundenen
Schriften, wie Nr. 10, 18, 22—24, 29—34 u. a.

Gesuchtheit in Verbindung mit Anmaßung und
Eitelkeit prägt sich in eigenartigen Verzierungen,
sowie in sonderbaren u-Bogen aus, in Nr. 29, 30,
34, 107, 111, 114—117, 126, 127, 160, 181.

Gewalttätigkeit bekunden starke, kraftvolle Schriften mit wuchtigen Querstrichen und Überstreichungen, in Nr. 80, 101—104, 118, 121, 146, 149, 180.

Gewandtheit zeigt sich in gewundener Zeilenführung
und in leicht dahingleitenden Zügen, in Nr. 8, 10,
14, 16, 22, 31—34, 47—49, 57 u. a.

Gewissenhaftigkeit schließt man aus peinlich
sauberen Schriften mit genauer Interpunktion und
schöner Anordnung der Überschriften und aus der
Raumverteilung. Nr. 21, 40, 75, 153, 164 u. a.

Gewissenlosigkeit liegt in ordinären, ungleichmäßigen Schriften mit schwankenden Buchstaben.
Nr. 16, 48, 49, 86, 87, 104 u. a.

Gewöhnlichkeit zeigt sich in derben Schriften oder
in ausgeweiteten, häßlich geformten Zügen, in
Nr. 16, 24, 48, 86, 87.

Gezwungenheit erkennt man aus linksschrägen,
rückwärtsgestellten Buchstaben, wie Nr. 46, 52, 56,
60, 66, 70.

Gleichgültigkeit schließt man aus schulmäßigen
Schriften mit geraden, gleich weit voneinander
entfernten Zeilen. Nr. 2, 81.

Gleichmut oder inneres Gleichgewicht spiegelt sich
in harmonischen, klaren und senkrechten Schriften
mit normal weit auseinander stehenden Worten, in
Nr. 14, 17, 59, 67, 90, 187.

Grausamkeit verrät sich durch die keulenförmigen, wuchtigen Überstreichungen, sowie durch verstärkte Endstriche, in Nr. 50, 80, 91, 118—122, 130, 149, 180.

Grobheit schließt man aus derben, unförmigen Buchstaben, sowie aus druckreichen, gewöhnlichen Zügen mit schroff herausfahrenden Endstrichen. Nr. 9, 48, 80, 98, 101—104 u. a.

Großmut prägt sich in großen (aber nicht kindlichen), eigenartigen Schriften aus, Nr. 10, 11, 18, 31, 32 u. a., sowie in langen, nach rechts auslaufenden Endstrichen, Nr. 125.

Grübelei in Verbindung mit Scharfblick erkennt man aus kleineren, gewandten, aber ziemlich dicken Schriften, deren i-Punkte und u-Haken mit dem folgenden Buchstaben verbunden sind, wie in Nr. 78, 190.

Gründlichkeit ersieht man aus niedrig gesetzten i-Punkten und u-Haken, sowie aus korrekt gebildeten Häkchen des Buchstabens r, in Nr. 2, 3, 21, 66, 83, 85, 98, 109, 126, 127.

Güte offenbart sich in einfacher, weitläufiger und kurvenreicher Schrift, wie Nr. 14, 17, 18, 59, 67, 77, 92, 93, 152 u. a.

Gute Laune zeigt sich durch aufwärtsstrebende Bewegungen in lebhaften, schwungvollen Zügen, Nr. 29, 30, 33, 75, 93, oder in Buchstaben, die mit einem raschen, abgerundeten Federzug beginnen, Nr. 22, 47, 57, 92, 107 u. a.

Gutmütigkeit geht ebenfalls aus den Rundungen nicht zu enger Schriften hervor. Nr. 10, 42, 45, 59, 67, 77, 92, 93, 165, 185, 187.

Habsucht ist aus ziemlich eckigen, druckreichen Schriften mit größeren Längen der Buchstaben

unterhalb der Zeile, sowie aus nach links zurückbiegenden Haken ersichtlich. Nr. 88, 99, 126—129,
188 u. a.

Härte kommt in eckiger, druckreicher Schrift in ziemlich steiler Lage zum Ausdruck, in Nr. 9, 39, 50 u. a.

Harmlosigkeit gibt sich durch größer werdende
Wortendungen kund, in Nr. 13, 28, 133.

Harmonie liegt in klaren, sympathischen Schriften,
die frei von jeder Übertreibung sind, in Nr. 14, 18,
21, 67, 90, 93.

Hartherzigkeit verrät sich durch schroffe, scharfkantige Züge. (Siehe Härte.)

Hartnäckigkeit liegt in eckiger, druckreicher
Schrift von etwas unregelmäßiger Höhe und Lage,
und in dicker werdenden Querstrichen, die schräg
nach unten rechts verlaufen. Nr. 11, 37, 60.

Haß zeigt sich in schräg nach rechts geneigter,
eckiger Schrift mit schroffen Federzügen, in
Nr. 19, 50, 58, 88, 117 u. a.

Haushälterischer Sinn prägt sich besonders in
breiten Schleifenzügen aus, in Nr. 15, 93, 98, 152,
155, sowie in kleinen, korrekten Schriften,
Nr. 40—42 etc.

Heftigkeit gibt sich durch schroff herausfahrende
Striche oder ungleichmäßige Höhe der Buchstaben kund. Nr. 9, 11, 16, 20, 43, 48, 50.

Heimlichtuerei verrät sich durch kreisförmig geschlossene u-Bogen, in Nr. 5, 109, 127, 158, 159.

Heiterkeit offenbart sich durch leichte, schwungvolle Federzüge. Nr. 22—24, 29, 30, 32—34, 47,
59, 67, 92, 93 u. a.

Herkömmlicher Anstand wird von allen beachtet,
die eine schablonenmäßige oder korrekte Schrift
besitzen, wie Nr. 40—44, 73, 81, 83, 85 u. a.

Herrschsucht gibt sich durch hochgesetzte Querstriche oder lange Überstreichungen der Worte
kund, in Nr. 14, 18, 50, 59, 80, 144, 146, 149, 180.

Herzensbildung offenbart sich in klaren, harmonischen, girlandenförmigen oder kurvenreichen
Schriften. Nr. 14, 45, 67 u. a.

Heuchelei besitzen die Menschen mit gewundener
Arkadenschrift, Nr. 47—49, oder mit steilen oder
linksschrägen Buchstaben, Nr. 97.

Hilfsbereitschaft liegt in weitläufigen Schrägschriften mit langen Endstrichen, wie Nr. 125.

Hingabe schließt man aus dünnen, abgerundeten
Schriften, wie Nr. 165.

Hinreißungsfähigkeit verraten rasch hingeworfene
Schrägschriften. (Siehe Impulsivität.)

Hinterlist zeigt sich in den eingerollten Zügen,
Nr. 37, 111, 138, sowie in abschweifenden Federzügen, z. B. im F in Nr. 107 und in 117, 143.

Hochmut tritt in den überragenden Anfangsbuchstaben hervor, besonders in dem U und M in
Nr. 147.

Höflichkeit zeigt sich durch runde Anfangsstriche,
in Nr. 22, 23, 33, 47 u. a.

Hoffnungsfreudigkeit, die mehr einer momentanen
Stimmung entspringt, offenbart sich in aufsteigender Linienrichtung, in Nr. 75, 79, 161.

Humor tritt durch schwungvolle Züge hervor, in
Nr. 29, 30, 33, 92, zeigt sich aber auch in starken
Schriften, Nr. 94, 107, 112 u. a.

Hypochondrie liegt in zittrigen Zügen und in umgestülpten u-Bogen. Nr. 175 u. a.

Hysterie, die meistens eine Folge von innerer
Unbefriedigung ist, und mit Erkrankung der Unter-
leibsorgane, besonders heftig bei Gebärmutter-

entzündungen, Venenanschwellungen etc. auftritt, erkennt man aus den Knickungen der g- und h-Schleifen, in Nr. 170—172. Einen besonders hohen Grad von Hysterie und Geistesverworrenheit zeigt das Schriftbild Nr. 174.

Idealismus offenbart sich vor allem in zarten, schwungvollen Zügen, wie Nr. 95, jedoch auch in Schriften mit isoliert stehenden Buchstaben, wie Nr. 155, 156.

Indiskretion schließt man natürlich aus Zeichen von Schwatzhaftigkeit und allzugroßer Offenheit, also aus lang herausfahrenden Endstrichen oder größer werdenden Buchstaben. Nr. 7, 13, 28, 124 u. a.

Impulsivität verrät sich in rasch hingeworfenen Schrägschriften mit akzentförmigen i-Punkten, in Nr. 58, 62, 71 u. a.

Initiative zeigt sich durch den Fortfall der Endstriche in Nr. 21, 43, 50, 77, 78, 106, 118.

Inspiration kommt in eigenartigen, unregelmäßig verbundenen Schriften zum Ausdruck, in denen einzelne Zeichen zum nächsten Buchstaben hinübergezogen sind, sowie auch in Schriften, die durchweg aus isoliert stehenden Buchstaben gebildet sind, wie Nr. 155, 156, 190.

Intellektuelles Gefühl offenbart sich durch große, lebhafte Federbewegungen, sowie auch durch unverbunden nebeneinander gestellte Buchstaben. Nr. 14.

Intelligenz schließt man aus flotten oder gewandten Schriften, die losgelöst von der Schablone sind, die einen besonders charakteristischen Eindruck machen. Nr. 14, 17, 18, 31—38 u. a.

Interesselosigkeit oder Einseitigkeit aber besitzen die Menschen, die zeitlebens eine langsame, schulmäßige Schrift beibehalten, wie Nr. 1—3, 44.

Intrigue prägt sich besonders durch verwickelte Paraphen aus, z. B. durch einzelne Züge, die die Buchstaben umschließen, wie Nr. 143.

Intuition, sowie ein instinktiv richtiges Urteil über alles prägt sich in isoliert stehenden Buchstaben aus, in Nr. 155, 156, 190.

Ironie oder Spottsucht zeigt sich in langen, spitz beginnenden Anstrichen und spitzigen Schluß-strichen in ziemlich eckiger, beweglicher und etwas unregelmäßiger Schrift. Nr. 7, 58, 64, 84, 97.

Jähzorn zeigt sich in bald rundlicher, bald eckiger Handschrift mit derben Druckstellen, sowie auch in kraftvoller, derber Schrift mit abgerissenen Zügen. Nr. 48—50, 75, 80, 82, 101—104, 130.

Kälte oder geringe Empfindsamkeit zeigt sich in gewohnheitsmäßig senkrechter oder nur mäßig geneigter, einförmiger Schrift. Nr. 52, 54, 56, 65 u. a.

Kaltblütigkeit ersieht man aus der Gleichmäßigkeit der Querstriche, in Nr. 14, 18, 31, 68, 69.

Kampfeslust prägt sich in säbelförmigen Endstrichen aus, in Nr. 131, 132.

Kaufmännische Interessen zeigen sich in rasch hingeworfenen Schrägschriften mit breiten Schlei-fenzügen und Hakenendungen, in Nr. 10, 15, 19, 22, 58, 63, 126, 127 u. a.

Keuschheit ist aus sehr zarten Schleifenzügen ohne Verschmierungen oder aus senkrechten, klaren, ruhigen Schriften erkennbar. Nr. 21, 59, 63, 67, 81, 83.

Kindlichkeit zeigt sich in schulmäßigen Schriften, deren Buchstaben zum Wortschluß hin größer werden. Nr. 1—3, 28, 133, 168.

Klarheit offenbart sich in den maßvollen, harmonischen Schriften. Nr. 14, 17, 21, 59 u. a.

Kleinigkeitskrämerei tritt in engen oder kleinen Schriften mit geringelten Buchstaben zutage, in Nr. 19, 40—42, 109, 128 u. a.

Kleinlichkeit, auch in der Anschauungsweise, erkennt man ebenfalls aus kleinen oder mittelmäßigen Schablonenschriften, denn die kleinlichen Leute beschäftigen sich mit Vorliebe mit kleinlichen Dingen, auch in Gebärde und Gedanken. Nr. 40—42.

Klugheit zeigt sich in maßvollen, vereinfachten und gewandten Schriften, wie Nr. 14, 21, 43, 53—57 u. a.

Knauserei, die bis zu einem pathologischen Zustand ausarten kann, zeigt sich in kleinen, engen Schriften oder in zusammengedrängten Endsilben. Nr. 19, 38, 78.

Koketterie verrät sich in Grundstrichen und Schleifenzügen mit klecksigem Druck, sowie in unnützen Schnörkeleien, in Nr. 7, 23, 24, 30, 48, 68, 82, 114—117, 170—172 und 183.

Komik schließt man aus einschließenden oder schneckenförmigen Paraphen und aus Schriften, in denen sich viel Selbstgefühl und Dünkel wiederspiegelt, in Nr. 16, 24, 47, 82, 104, 112 und 143.

Konzentrationsfähigkeit erkennt man aus linksläufigen Kurven, aus zurückgelegten Bogen und Häkchen, in Nr. 10, 19, 58, 63, 162 u. a.

Krankhafte Empfindlichkeit zeigt sich in zu zarten, schwächlichen Schriften, in sinkender Zeilenrichtung und in zittrigen Zügen. Nr. 4—6, 12, 26, 51, 68, 69, 76, 81, 136, 155, 170—177.

Kraft liegt in starken, energischen Zügen. Nr. 9, 10, 31, 50, 58, 60, 94, 98, 101—104 u. a.

Kraftlosigkeit schließt man aus schwachen Schriften ohne Druck, wie Nr. 6, 12, 51, 83, und aus Schriften mit pathologischen Symptomen, Nr. 136, 170—179.

Kritik ist vorwiegend aus fadenförmigen, vereinfachten Schriften oder aus spitzig endenden Querstrichen erkennbar, in Nr. 43, 55, 61, 95, 97, 136, 137, 163.

Kühnheit geht aus schrägen, eckigen Schriften mit etwas steigender Zeilenrichtung und vorangesetzten i-Punkten hervor. Nr. 39, 50, 58 u. a.

Kummer schließt man aus Zeilen, die erst auf und dann absteigen. Nr. 11, 38, 54, 76, 78, 80, 84, 173.

Kunstsinn zeigt sich in schöner Anordnung einer klaren, deutlichen Schrift mit keinen oder anmutigen Verzierungen. Nr. 14, 17, 29, 30, 33, 34, 59, 67 u. a.

Kurzangebundenes Wesen schließt man aus dem häufigen Fortfall der Endstriche ziemlich derber Schriften. Nr. 9, 11, 43, 49, 50, 54, 101—103, 106, 118, 163 u. a.

Langmut und verständige Mäßigung der Gefühlsäußerungen erkennt man aus steilen Schriften oder aus einzelnen Grundstrichen, die am Wortschluß steiler sind. Nr. 9, 59, 67.

Langsamkeit schließt man aus unfertiger, langsamer oder linksläufiger Schrift. Nr. 52, 70, 168.

Launenhaftigkeit liegt in unveränderlicher Handschrift mit ungleicher Höhe der Buchstaben und in plötzlichen Anschwellungen derselben. Nr. 15, 16, 20, 23, 24, 30, 48, 61, 82.

Lebhaftigkeit offenbart sich in schwungvollen Zügen mit ausgeweiteten Schleifen oder hochgesetzten i-Punkten. Nr. 14, 15, 21, 23, 24, 29, 30, 32, 33, 57.

Lebensfreude gibt sich in großzügigen, schwungvollen Schriften oder in weitschweifigen Bogen kund, in Nr. 10, 22—24, 29—34, 47, 59, 92, 93, 95—97, 107, 112 u. a.

Leichtblütigkeit zeigt sich in beweglicher, ziemlich schräger, schneller Schrift mit schön geschwungenen Bogen, links etwas breiter werdenden Rändern und hochgesetzten i-Punkten. Nr. 93, 95, 107 u. a.

Leichtgläubigkeit liegt in schulmäßigen Schriften mit größer werdendem Wortschluß oder langen Endstrichen, in Nr. 1—3, 7, 13, 28, 84, 98, 124, 125.

Leichtsinn schließt man aus weiter, schneller, gelegentlich flüchtiger und undeutlicher Schrift mit vorangesetzten i-Punkten. Nr. 16, 20, 24, 48, 75, 86, 137 u. a.

Leid erkennt man durch kleine Unterbrechungen in den Haarstrichen und durch unvollkommene Schleifen. Nr. 170—176 u. a.

Leidenschaftlichkeit prägt sich durch hastige, geneigte Schrift, sowie durch Buchstaben in ungleicher Höhe aus, in Nr. 15, 16, 19, 20, 47—50, 58, 62, 75, 88 u. a.

Lernlust in Verbindung mit Eifer und Strebsamkeit findet man in Schriften mit kommaförmigen, vorangesetzten i-Punkten, in langen Anstrichen und in steigender Linienrichtung ausgeprägt, in Nr. 7, 47, 57, 58, 64, 91, 192 u. a.

Liebesfähigkeit offenbart sich fast in allen, etwas nach rechts geneigten, jedoch nicht zu eckigen Schriften.

Liebenswürdigkeit tritt besonders in arkadenförmigen Schriften hervor. Nr. 22, 46, 47—49,
123, 137, 151.

Lieblosigkeit zeigt sich in gleichmäßiger, ziemlich
eckiger, steiler Schrift mit sicherer Zeilenführung
und im Wechsel von Druck- und Haarstrichen, in
Nr. 39, 44, 50, 84 u. a.

List verrät sich in gewundener Zeilenführung, sowie
in fadenförmigen Schriften. Nr. 43, 48, 54—57,
137 u. a.

Literarische Interessen geben sich besonders
durch eigenartig gestaltete oder drucktypenartige
Buchstaben kund. Nr. 8, 14, 17, 18, 29—34, 43,
55, 57, 59, 74 u. a.

Logik schließt man aus Worten, deren Buchstaben
unter sich verbunden sind, wie in Nr. 2, 3, 10 und
vielen anderen Schriften.

Lustigkeit geht aus allen schwungvollen Zügen
hervor. Nr. 29, 30, 33 u. a.

Lüge ersieht man aus ringförmig geschlossenen u-
Bogen, in Nr. 5, 109, 158, 159 u. a.

Luxusliebe prägt sich durch hohe Buchstaben und
Arkaden aus, in Nr. 31—37, 39, 47, 60, 89,
145 u. a.

Mäßigung bekunden steile, harmonische oder zurückgelehnte Schriften. Nr. 14, 17, 56, 59, 66, 67, 70 u. a.

Mangel an Selbstvertrauen macht sich in sinkender
Zeilenrichtung und in schlaffen Zügen bemerkbar.
Nr. 76, 78 u. a.

Maßlosigkeit erkennt man aus unregelmäßigen,
schrägen Schriften mit ausgeweiteten Schleifen
und hin- und herschwankender Zeilenrichtung.
Nr. 15, 16, 24, 32 u. a.

Materialismus tritt in ziemlich kräftigen, nach rechts geneigten, dickflüssigen Schriften hervor, in Nr. 9, 10, 35—37, 48—50, 58, 98—108 und vielen anderen.

Melancholie offenbart sich in zarter, schwächlicher, oft etwas sinkender Schrift.

Milde besitzen alle Menschen mit zarter, girlandenförmiger Schrift, wie Nr. 59, 67, 77, 92 u. a.

Mißgunst ersieht man aus Hakenendungen (Zeichen von Egoismus). Nr. 126—129, 131, 132 u. a.

Mißtrauen prägt sich in kleiner werdenden, fadenförmigen oder dolchartig zugespitzten Wortendungen aus. Nr. 54—57, 134—137.

Mitleid liegt auch in Girlandenschrift oder in sehr schrägen Buchstaben. Nr. 10, 45, 59, 62, 66 u. a.

Mitteilsamkeit zeigt sich durch lange Endstriche in schräger Schrift. Nr. 7, 13, 28, 124, 125 u. a.

Mittelmäßigkeit geht aus allen schulmäßigen oder Schablonenschriften hervor; denn ein großer Geistesheld oder ein Genie wird sich in seiner geistigen Regsamkeit niemals der Kalligraphie anpassen können.

Müdigkeit gibt sich durch sinkende Zeilen kund. Nr. 38, 53, 76, 78.

Munterkeit zeigt sich durch schwungvolle Bogen und lebhafte Züge. Nr. 14, 22—24 u. a.

Musikalische Neigungen treten in violinschlüsselartigen Buchstabenteilen hervor, z. B. in Nr. 67, 140, und durch schöne Kurven, Nr. 92, 137 u. a.

Mut kommt in kraftvollen Schrägschriften, sowie in säbelförmigen Endstrichen zum Ausdruck, in Nr. 131, 132 u. a.

Mutlosigkeit zeigt sich in sinkenden Zeilen und schlaffen Zügen. Nr. 38, 53, 76, 78, 84, 170—179.

Mutterwitz liegt in eigenartigen (nicht schulmäßigen), oft unverbundenen Schriften mit isoliert stehenden Anfangsbuchstaben. Nr. 14, 17, 33, 59, 91—93, 144, 145, 192 u. a.

Mystizismus zeigt sich durch übermäßige Ausdehnungen nach der Höhe und durch schwungvolle, lebhafte Züge. Nr. 29, 30, 33, 162 u. a.

Nachahmungsgeist und anschaulicher Formensinn ist aus Majuskeln in typographischer Form zu schließen. Nr. 8, 14, 33, 59, 181 u. a.

Nachdenklichkeit ist aus kleineren Buchstabenformen erkennbar. Nr. 25, 40—43, 53—57, 61, 106.

Nachgiebigkeit offenbart sich in Schrift ohne Druck, doch auch in abgerundeter Schrift mit klecksigen oder zusammengeknickten Schleifen. Das d ist meistens mit dem folgenden Buchstaben verbunden. Nr. 12, 24, 136, 165, 170—173 u. a.

Nachlässigkeit zeigt sich in unsorgfältiger Schrift, in der oftmals die i-Punkte, u-Bogen und sonstigen Zeichen fehlen. Nr. 4, 12, 16, 25, 26, 53, 61, 72, 86, 87 u. a.

Nächstenliebe offenbart sich in abgerundeter, schräger, weiter Schrift mit langen Endstrichen, — ohne Haken, die nach links gerichtet sind. Nr. 18, 59, 125, 152.

Naivität ist aus Buchstaben, die zum Wortschluß größer werden, zu erkennen, wie Nr. 133.

Namensstolz zeigt sich in erhöhten Grundstrichen der Buchstaben M, N und U und in unterstrichener Unterschrift. Nr. 144, 145, 147.

Naschhaftigkeit erkennt man aus Anschwellungen der Buchstaben. Nr. 4, 6, 7, 183 u. a.

Natürlichkeit liegt in einfacher Schrift, ohne Schnörkel, mit genügend Raum zwischen Worten und Zeilen. Nr. 2—7, 14, 21, 25—28 u. a.

Neid und Mißgunst zeigt sich in schräger ziemlich schneller, ungleichmäßig oder übermäßig verbundener Schrift mit linksläufigen Häkchen. Nr. 19, 58, 63, 86, 126—129.

Nervosität ersieht man aus ungleich hohen, kleinen, — oder hin- und herschwankenden größeren Buchstaben, sowie aus zittriger Schrift. Nr. 4, 16, 20, 43, 54, 55, 61, 75, 76, 80, 86, 136 u. a.

Neugierde zeigt sich durch weit vorangesetzte i-Punkte, u-Haken und durch nach rechts vorangesetzte Querstriche am t, in Nr. 14, 21, 62, 63, 64, 149, sowie in Abrundungen am Wortschluß, Nr. 10, 19, 86, 99, 139 u. a.

Niedergeschlagenheit zeigt sich in sinkender Zeilenrichtung und in ungleichmäßiger Schrift. Nr. 4, 5, 11, 26, 38, 53, 76, 78 u. a.

Nörgelei prägt sich in eckigen Schriften mit langen Anstrichen und spitzen Häkchen aus, besonders in Nr. 19, 27, 37, 58, 64 u. a.

Nüchternheit schließt man aus dem Fortfall der An- und Endstriche, aus kleinen, einfachen Schriften, sowie aus Buchstaben, die Ähnlichkeit mit Zahlen haben. Nr. 8, 25, 26, 43, 53, 54, 55, 61, 72 u. a.

Oberflächlichkeit erkennt man aus flüchtiger Schrift, in der die i-Punkte und u-Bogen weggelassen sind. Nr. 4, 25, 26, sowie aus weitschweifigen, nachlässigen Zügen, wie Nr. 24, 48, 72, 104 u. a.

Objektivität ersieht man aus ziemlich kleiner, gleichmäßiger Schrift mit schmalen oder zusammengezogenen Schleifen, ziemlich genau gesetzten i-Punkten und kurzen Querstrichen. Nr. 8, 27, 43, 53—56 u. a.

Offenheit ist vorhanden, wenn die Buchstaben a, g, o oben offen sind, in ziemlich schräger, weiter Schrift mit flachem Bogen oder langem Strich am Wortschluß. Nr. 2, 3, 5, 13, 21, 24, 26, 28 u. a.

Oppositionslust tritt in schräger, lebhafter Schrift mit langen Anstrichen hervor, in Nr. 7, 15, 19, 57, 58, 64, 85, 91 u. a.

Optimismus zeigt sich in steigender Linienführung, in ziemlich schnellen, beweglichen Schriften mit hochfliegenden i-Punkten und in schön geschwungenen Bogen. Nr. 21, 29, 30, 47, 57, 58, 59, 74, 75, 92, 93 u. a.

Ordnungssinn schließt man aus möglichst korrekten Schriften mit genau gesetzten i-Punkten und aus schön arrangierten Aufschriften. Nr. 2, 3, 8, 21, 40—42, 44, 66, 67, 73 u. a.

Organisationstalent tritt in sehr ausgedehnten Buchstaben, in weiten Schleifen oberhalb wie unterhalb der Zeile und in schwungvollen Bogen und Paraphen zutage. Nr. 10, 29—37, 47, 58, 59, 93, 110, 144 u. a.

Originalität prägt sich in eigenartigen, von der Schablone losgelösten Buchstabenformen aus, in Nr. 8, 14, 17, 18, 29—37, 43, 59, 60, 67, 74 u. a.

Passivität zeigt sich in sehr niedrig gesetztem oder durch eine Kurve gebildetem Querstrich des t. Manchmal fehlt er auch ganz. Nr. 35.

Parteilichkeit und Ungerechtigkeit markiert sich in ziemlich eckiger, druckreicher Schrift durch viele Schleifen und Häkchen, die nach links zurückgebogen sind. Nr. 10, 19, 58, 63, 82, 84, 86, 99, 117, 126—132 u. a.

Peinlichkeit kommt in korrekt gebildeter, sauberer Schrift mit genau gesetzten i-Punkten und sonstigen Zeichen zum Ausdruck, in Nr. 21, 40—42, 44, 67, 73 u. a.

Pessimismus, Mangel an Selbstvertrauen und Trübsinn, kommt in sinkender Zeilenrichtung zum Ausdruck. Nr. 76.

Pflichtgefühl prägt sich in ziemlich starker, gleichmäßiger und möglichst sorgfältiger Schrift aus. Nr. 39—42, 73, 94 u. a.

Phantasie offenbart sich in Verbindung mit Einbildungskraft in schwungvollen Verzierungen besonders lebhafter Schriften. Nr. 23, 24, 29—34, 47, 59, 82, 91—93 u. a.

Phlegma liegt in sehr langsamer, einförmiger Schrift mit etwas sinkender Zeile. Nr. 2, 11, 13, 70, 83, 99, 158, 167, 168.

Phrasenhaftigkeit erkennt man aus übermäßig verschnörkelten Schriften oder aus bogenförmigen Anstrichen. Nr. 22, 23, 24, 33, 47, 92, 105, 107, 109 u. a.

Planreichtum zeigt sich in großzügigen, lebhaften Schriften mit hochgesetzten i-Punkten und in steigender Zeilenrichtung. Nr. 10, 29—34, 59, 75 u. a.

Prachtliebe dokumentiert sich in großzügiger Schrift mit sehr hohen Kleinbuchstaben und breiten Rändern. Nr. 31—37, 46, 47, 89, 92 u. a., sowie in arkadenförmigen Buchstaben.

Praktische Interessen erkennt man aus Buchstaben, die sich mehr unterhalb der Zeile ausdehnen, also aus breiten Schleifen in ziemlich schneller Schrift. Nr. 15, 22, 58, 88, 93, 98, 148, 154, 188.

Protektionslust zeigt sich, wenn die Endstriche oder Haken des ersten Buchstaben die folgenden oder das ganze Wort überschatten, wie in Nr. 59, und 144.

Prunksucht (siehe Prachtliebe). Die Buchstaben dehnen sich unterhalb wie oberhalb der Zeile aus und sind etwas verschnörkelt, häufig mit blauer oder lilaer Tinte geschrieben.

Rachsucht kommt in eckiger, schräger, druckreicher Schrift mit spitz und dick auslaufenden Querstrichen zum Ausdruck, Nr. 50, 58, 80, 82, sowie in abgerissenen Schleifenzügen, Nr. 101—103 u. a.

Rastlosigkeit zeigt sich in schneller, ziemlich einfacher, verbundener, undeutlicher Schrift mit nach rechts vorangesetzten, oft kommaförmigen i-Punkten. Nr. 16, 20, 47, 55, 58 u. a.

Realismus liegt in ziemlich kräftiger, einfacher, mehr eckiger Schrift mit dicken, niedrig gesetzten i-Punkten. Nr. 9, 10, 11, 39, 43, 58, 94 u. a.

Rechthaberei erkennt man aus langen, scharfen Anstrichen in eckig verbundener Schrägschrift. Nr. 19, 58, 64, 88 u. a.

Rechtschaffenheit liegt in deutlicher, klarer und harmonischer Schrift. Nr. 14, 21.

Redlichkeit ebenfalls. Die Buchstaben a und o sind offen, die Punkte genau gesetzt. Nr. 75, 85.

Redetalent gibt sich durch bogenformige Ansätze kund, in Nr. 57 und 92.

Regelmäßigkeit zeigt sich in schulmäßiger Schrift mit strammer Linienführung. Nr. 3, 44.

Regsamkeit geht aus allen lebhaften, schwungvollen Schriften hervor. Nr. 29, 30, 33, 75, 92, 95—97 u. a.

Reinlichkeit offenbart sich in sauberer, zarter Schrift ohne Verschmierungen. Nr. 21, 63, 67 u. a.

Reizbarkeit verrät sich durch ungleichmäßige Lage der Buchstaben wie durch abgerissene Züge. Nr. 43, 61 u. a.

Reserviertheit ist aus linksschräger oder steiler Schrift erkennbar. Nr. 46, 56, 60, 70.

Resignation gibt sich durch schlaff herabhängende Häkchen am t, sowie durch sinkende Zeilen kund. Nr. 11, 38, 76.

Rezeptivität und gute Gedankenverbindung erkennt man aus ziemlich kleiner Schrift mit verbundenen Endungen der Buchstaben d, g, h u. dergl. Nr. 157, 190.

Roheit kommt in derben, plumpen Schriften zum Ausdruck. Nr. 101—104.

Rücksichtslosigkeit prägt sich auch in starken Schriften mit wuchtigen Querstrichen und verstärkten Endungen aus. Nr. 118, 180.

Rührseligkeit liegt in zarten Girlandenschriften. Nr. 45.

Ruhe besitzen die Menschen mit gleichmäßiger, steiler, harmonischer Schrift. Nr. 67, 70.

Ruhebedürfnis haben die Schreiber schlaff herabhängender Züge und sinkenden Zeilen. Nr. 76.

Sachlichkeit (siehe Objektivität).

Sanftmut (siehe Milde).

Sanguinisches Naturell zeigt sich durch die Lebhaftigkeit der Schriftzüge. Nr. 75, 92, 93.

Sarkasmus dokumentiert sich durch vereinfachte, abgehakte Schriften. Nr. 43.

Satire oder Spottsucht gibt sich durch lange, spitz beginnende Anfangs- und spitz endende Schlußstriche kund, meistens in beweglicher, etwas unregelmäßiger Schrift. Nr. 7, 84,

Sauberkeit (siehe Reinlichkeit).

Schamhaftigkeit erkennt man aus dünnen, einfachen, mäßig schnellen Schriften, in denen sich Feinfühlichkeit, Anstand, Takt und Sensibilität widerspiegelt. Nr. 6, 14, 17, 21.

Scharfblick ist aus kleineren, oft nur auf die notwendigsten Buchstabenteile beschränkten, ziemlich gewandten Schriften erkennbar, Nr. 43, 55, 57, sowie aus isoliert stehenden Anfangsbuchstaben, Nr. 59.

Scheu liegt in Steilschrift oder linksschräger Lage der Buchstaben. Nr. 67, 70 u. a.

Schlagfertigkeit zeigt sich durch schwungvolle oder lange Anstriche und zurückgelehnte u-Bogen, in Nr. 19, 47, 57, 58.

Schlauheit ist besonders aus gewundenen Zeilen und flotten, intelligenten, fadenförmigen Schriften erkennbar. Nr. 43, 55, 134.

Schmeichelei zeigt sich durch unnütze Schnörkeleien, durch flache Bogen und Verzierungen am Wortanfang. Nr. 22, 23, 33 u. a.

Schmerz offenbart sich durch zerrissene oder geknickte Schleifenzüge und durch sinkende Zeilen. Nr. 170—176.

Schnelligkeit tritt in rasch hingeworfener, flüchtiger Schrift hervor. Nr. 50, 62 u. a.

Schönheitssinn liegt in harmonischen, klaren und ebenmäßigen Schriften. Nr. 59, 67 u. a.

Schroffheit verrät sich durch derbe Druckstellen und schroff herausfahrende oder verstärkte Endstriche. Nr. 75, 80, 82, 119—123, 130.

Schüchternheit erkennt man aus zierlicher, dünner, allzuzarter Schrift mit schmalen Schleifen. Nr. 6, 81.

Schwachheit zeigt sich in unsicheren, oft zittrigen Zügen. Nr. 4, 165, 170—176.

Schwärmerei kommt in schwungvollen Bogen in lebhaften Zügen zum Vorschein. Nr. 29, 30 u. a.

Schwanken zwischen Gefühl und Vernunft erkennt man aus hin- und herschwankenden, ungleichmäßigen Buchstaben. Nr. 20, 61, 72.

Schwatzhaftigkeit zeigt sich durch lange Endstriche oder Rundungen am Wortschluß. Nr. 13, 124.

Schweigsamkeit schließt man aus steiler oder nach links zurückgelehnter Schrift oder aus Buchstaben, die am Wortschluß kleiner werden. Nr. 43, 54, 55, 56 u. a.

Schwelgerei ersieht man aus zwanglosen Schrägschriften mit plötzlichen Anschwellungen. Nr. 107, 148.

Schwerfälligkeit besitzen die Schreiber der plumpen, derben Schriften. Nr. 102—104.

Schwermut ist aus sinkenden Zeilen in schlaffen Schriften erkennbar. Nr. 11, 76.

Schwerverständlichkeit prägt sich in eigenartigen Schriften mit wechselnder Lage der Buchstaben aus. Nr. 16, 20, 61, 72.

Seelengröße offenbart sich in großzügigen oder klaren, harmonischen Schriften. Nr. 14, 17, 59.

Seelenruhe liegt in steiler Girlandenschrift. Nr. 67.

Seelisches Leiden gibt sich durch gebrochene oder zusammengeknickte Schleifenzüge kund, in Nr. 155, 170—176.

Selbständigkeit prägt sich in kraftvollen, energischen Schriften aus. Nr. 31, 39, 50.

Selbstbeherrschung besitzen alle, die gewohnheitsmäßig steil schreiben. Nr. 59, 66.

Selbstbewunderung. (Siehe Eitelkeit.)

Selbstbewußtsein tritt besonders in hohen Anfangsbuchstaben hervor. Nr. 59, 60, 67, 147 u. a.

Selbsterziehung geht ebenfalls aus steilen, hübsch gebildeten und klaren harmonischen Schriften hervor. Nr. 46, 59, 66, 67 u. a.

Selbstgefälligkeit prägt sich in weitschweifigen Bogen und Hakenendungen aus. Nr. 107, 126—130.

Selbstgefühl ebenfalls.

Selbstlosigkeit liegt in weiten, ausgedehnten, etwas abgerundeten Schriften ohne linksläufige Haken. Nr. 93.

Selbstsucht verrät sich durch eckig verbundene Schriften mit Hakenendungen. Nr. 99, 126—129.

Selbstvertrauen wird durch Unterstreichung des eigenen Namens noch besonders bestätigt. Nr. 144.

Sensationslust zeigt sich in eckiger Schrift durch eingefügte Schleifen im g, h, p, z, in Nr. 115, 116 u. a.

Sensibilität erkennt man aus zarter, feiner, geneigter Schrift. Nr. 6, 21.

Sentimentalität liegt in unsicheren Schriften mit sinkenden Zeilen. Nr. 76.

Sicherheit im Auftreten und Benehmen kommt in fester, rasch hingeworfener Schrägschrift, sowie auch in sicherer Steilschrift zum Ausdruck. Nr. 9, 10, 31—34, 50, 58, 59 u. a.

Sich-gehen-lassen (Nonchalance) schließt man aus weiten, nachlässigen Schriften, wie Nr. 16, 32.

Sinnlichkeit offenbart sich durch spiralenförmige Buchstabenteile, Nr. 109, und durch plötzliche Anschwellungen, Nr. 182, 183 u. a.

Sittlichkeit erkennt man aus zarter, korrekter, gleichmäßiger Schrift. Nr. 21, 67, 83 u. a.

Sonderbarkeit erkennt man aus eigentümlicher Buchstabenverbindung und auffälligen, speziellen Zeichen. Nr. 51, 52, 160.

Sophisterei verrät sich durch die am Buchstaben festgeknoteten u-Bogen, in Nr. 87.

Sorgfalt (siehe Gewissenhaftigkeit).

Sorglosigkeit zeigt sich durch das Fehlen der i-Punkte, u-Haken, Querstriche etc. in weitläufiger, nachlässiger Schrift, in Nr. 32.

Sparsamkeit prägt sich durch das Fortlassen der An- und Endstriche oder in kleiner, enger Schrift aus. Nr. 40—42.

Spitzbüberei kann man nur durch mehrere zusammenwirkende Zeichen erkennen, besonders aus schwächlicher, ordinärer Schrift mit ungleicher Buchstabenverbindung und kleinen Ringelchen oder Krallen am Wortanfang. Nr. 12, 179.

Spottsucht zeigt sich durch spitz endende t-Querstriche, durch spitzig endende Akzente und durch lebhafte Züge in fadenförmigen Schriften, in denen sich ein kritischer Geist widerspiegelt. Nr. 43, 51, 57, 58 u. a.

Sprödigkeit liegt in einer festen Schrift, sowie in nach links zurückgelehnten Buchstaben. Nr. 9, 11, 68, 69, 70 u. a.

Stärke zeigt sich in kraftvoller, energischer, druckreicher, ziemlich schneller und schräger Schrift. Nr. 9, 10, 14, 15, 18, 39, 50, 58 u. a.

Starrköpfigkeit oder Starrsinn tritt in eckiger, druckreicher Schrift von etwas unregelmäßiger Höhe und Lage hervor, durch dicker werdende Querstriche und durch unverbundene Endungen des g, h, p, z. Nr. 9, 11, 20, 38.

Stimmungswechsel tritt in hin- und herschwankenden Buchstaben von ungleicher Höhe hervor. Nr. 16, 20, 54, 61.

Stolz prägt sich in hohen Anfangsbuchstaben aus. Der Endstrich des ersten Buchstabens verläuft über dem Wort weit nach rechts. Nr. 59, 60, 144, 145, 147.

Strebsamkeit liegt in schräger, nicht enger Schrift mit kommaförmigen, etwas vorangesetzten i-Punkten. Nr. 58, 62.

Strenge deutet man aus eckiger, druckreicher Schrift in etwas steiler Lage mit genau gesetzten i-Punkten. Nr. 9, 39, 94.

Sympathisches Wesen offenbart sich in angenehmen, klaren, harmonischen Schriften ohne schroffe Züge oder Haken. Nr. 14, 17.

Tadelsucht tritt in spitzigen Endungen und abgehakten Schleifenzügen hervor, in Nr. 43, 50, 51.

Taktgefühl liegt in zarter, ziemlich abgerundeter, mäßig schneller Schrift, die entweder nach rechts geneigt oder nach links zurückgelehnt ist. Nr. 14, 70.

Talent oder die Fähigkeit, sich mit Leichtigkeit mit irgendwelchen Geistesarbeiten zu befassen und Neues zu schaffen, erkennt man aus lebhaften Schriften mit eigenartigen, oft drucktypenartigen Buchstabenformen. Nr. 8, 14, 17, 43, 57, 162, 163 u. a.

Temperament geht aus einer teigigen oder klecksigen Schrift hervor, wie Nr. 101—103 u. a.

Tätigkeitsdrang kommt in flotten, schrägen, meistens eckig verbundenen Schriften mit langen Anstrichen zum Ausdruck. Nr. 58.

Torheit erkennt man aus plumpen Verzierungen oder aufgeblähten d-Köpfen. Nr. 24.

Toleranz besitzen die Menschen mit gemäßigter, großzügiger Schrift mit weiten Räumen zwischen Worten und Zeilen. Nr. 59, 67, 162.

Tollkühnheit erkennt man aus aufsteigender, kraftvoller Handschrift mit vergessenen Worten. Nr. 75.

Trägheit zeigt sich in mehr schulmäßiger, langsamer Schrift mit nachlässigen Zügen und etwas sinkender Zeilenrichtung. Nr. 168, 179.

Träumerei liegt in kleineren Schriften mit einigen Kurven. Nr. 53, 54, 77.

Traurigkeit zeigt sich in absteigender Handschrift. Nr. 76.

Treue dokumentiert sich in einfacher, regelmäßiger, sorgfältiger Schrift mit gerader Zeilenführung. Nr. 21, 73.

Treulosigkeit dagegen erkennt man aus ungleichmäßiger, nachlässiger, wechselnder Handschrift mit gewundener Zeilenführung, mit Verwickelungen und einschließender Paraphe. Nr. 16, 20, 48, 49, 61 u. a.

Trübsinn (siehe Traurigkeit).

Übelnehmerisches Wesen ist aus übermäßig zarten, geneigten Schriften, sowie aus einzelnen sich zurückbäumenden Buchstaben erkennbar. Nr. 6, 67, 81.

Überanstrengung oder Überarbeitung zeigt sich in zersplitterten, abgerissenen Zügen und in sinkender Zeilenrichtung. Nr. 43, 76.

Übereilung schließt man aus hastiger Schrift mit weit voranfliegenden i-Punkten. Nr. 50, 137 u. a.

Übermut liegt in flotten, kindlichen Zügen mit langen An- und Endstrichen, wie Nr. 7, sowie in schwungvollen Bogen.

Überempfindlichkeit zeigt sich in übermäßig schräg nach rechts geneigter Schrift, wie in Nr. 6, und in zurückgebogenen d-Köpfen, Nr. 82.

Überlegung prägt sich in Steilschriften aus, sowie in fadenförmigen oder kleiner werdenden Endungen. Nr. 53—56 u. a.

Überschwenglichkeit verraten sehr weite Ausdehnungen und schwungvolle Bogen. Nr. 29, 30, 92 u. a.

Überspanntheit kommt durch das zu häufige Anbringen von Schnörkeln, Ausrufungszeichen und Fragezeichen zum Ausdruck, in Nr. 177 und 178.

Überstürzung zeigt sich in hastigen Schriften mit weit vorangesetzten i-Punkten. Nr. 95.

Übertreibung infolge allzustarker Einbildungskraft zeigt sich auch in großen, aufgeblähten d-Köpfen, Nr. 24, 82, 124, auch im Mißbrauch von Fragezeichen und Parenthesen.

Unabhängigkeitssinn zeigt sich in t-Querstrichen, die wie Peitschenhiebe sind, in Nr. 141, sowie in weit zurückgebogenen Endungen am d, in Nr. 162.

Unaufmerksamkeit zeigt sich in flüchtiger Handschrift durch vergessene Worte oder fehlende Buchstaben, in Nr. 72.

Unaufrichtigkeit zeigt sich in verwickelter Schrift oder in umgestülpten oder kreisförmig geschlossenen u-Bogen. Nr. 87, 97, 158, 159, 171 u. a.

Unberechenbarkeit kommt durch wechselnde Buchstabenlage, durch plötzliche Druckstellen und eigenartige Schnörkeleien zum Ausdruck. Nr. 20, 54, 61, 82.

Unbeständigkeit liegt in eiliger, beweglicher Schrift mit sinkender Zeilenrichtung. Nr. 76.

Unbeugsamkeit dokumentiert sich in kraftvollen, starken Zügen und wuchtigen Überstreichungen des Buchstaben t. Nr. 146, 180.

Undankbarkeit zeigt sich in druckreicher, eckiger, schneller Schrift mit linksläufigen Schleifen und dicken niedrigen i-Punkten, sowie in langen, dicken Querstrichen des t. Nr. 180.

Undurchdringlichkeit erkennt man aus fadenförmigen oder kleinerwerdenden Buchstaben am Wortschluß, aus ziemlich unleserlicher Handschrift und gewundener Zeilenführung. Nr. 53—57.

Unentschiedenheit liegt in schulmäßiger Schrift. Nr. 44.

Unerschrockenheit prägt sich durch steigende Linienrichtung und wuchtige Querstriche aus. Nr. 58, 80.

Unfertigkeit oder mangelhafte Geistesbildung schließt man aus unsicheren Schablonenschriften mit hin- und herschwankenden Buchstaben. Nr. 20.

Ungeduld erkennt man aus hochgesetzten i-Punkten und aus am Wortschluß unleserlich werdenden Buchstaben. Nr. 95.

Ungeniertheit zeigt sich in zwangloser Schrift und besonders durch den wie einen Peitschenhieb hingeworfenen Querstrich. Nr. 141.

Ungerechtigkeit zeigt sich durch viele Schleifen und Häkchen, die nach links gerichtet sind, in ziemlich enger Schrift. Nr. 19, 128.

Ungezwungenheit ist aus jeder einfachen, natürlichen Schrift mit etwas ungleichmäßigen Rändern erkennbar. Nr. 32.

Unklarheit schließt man aus flüchtigen Schriften, deren ausgedehnte Buchstaben sich ineinanderwickeln. Nr. 16, 20.

Unnatürlichkeit erkennt man aus steilen oder aus linksschrägen Schriften, die gewaltsame Unterdrückung der Gefühle andeuten. Nr. 46, 54, 56, 60.

Unordnung schließt man aus dem Fehlen der i-Punkte, u-Bogen und sonstigen Zeichen, aus nachlässigen, ungleichmäßig verbundenen Schriften. Nr. 72.

Unparteilichkeit erkennt man aus ziemlich steilen, klaren, deutlichen Schriften mit nach rechts gezogenen, druckreichen Endstrichen. Nr. 68, 69, 119, 120.

Unruhe zeigt sich in ungleicher Höhe der kleinen Buchstaben, in Nr. 20.

Unschlüssigkeit geht aus nach links zurückgesetzten i-Punkten und sinkenden Zeilen hervor, sowie aus dünnen, unsicheren Zügen. Nr. 12.

Unselbständigkeit schließt man aus schulmäßigen, einfachen Schriften. Nr. 2, 3, 44.

Unsicherheit liegt in zarten, dünnen Schriften, sowie in fortwährend wechselnder Schriftlage. Nr. 6, 20.

Unternehmungslust tritt in ziemlich großer, beweglicher Schrift mit langen Anstrichen oder weitschweifigen Bogen hervor, in Nr. 33, 58, 59.

Untätigkeit schließt man aus langsamen, schlaffen oder sinkenden Schriften. Nr. 179.

Untreue (siehe Treulosigkeit).

Unüberlegtheit (siehe Übereilung).

Unvernunft verrät sich durch am Ende größer werdende Wörter oder Buchstaben. Nr. 133.

Unverträglichkeit zeigt sich in kleiner oder mittelmäßiger, eckiger und enger Schrift mit vielen Häkchen oder unten abgerissenen Schleifen. Nr. 19, 50, 102, 103 u. a.

Unwahrheit, Verstellung und Heuchelei verrät sich durch ziemlich steile oder linksschräge Lage der Buchstaben, durch gewundene Zeilen und geschlossene Buchstaben a, o, g, sowie durch kreisförmige u-Bogen oder angeknüpfte Haken, wie in Nr. 87, 97, 158, 159 u. a.

Unzufriedenheit kommt durch zerrissene oder unterbrochene Schleifenzüge zum Ausdruck. Nr. 170—176.

Unzugänglichkeit ist in linksschräger oder zurückgelehnter Schrift ausgeprägt. Nr. 70, 162.

Urteilsklarheit liegt in deutlicher, maßvoller und harmonischer Schrift mit etwas zugespitzten Endungen. Nr. 14, 17, 21 u. a.

Veränderlichkeit geht natürlich aus unregelmäßigen Schriften hervor, deren Worte auf- und absteigen. Nr. 48, 54, 72, 86 u. a.

Verbindlichkeit liegt in flachen, abgerundeten Bogen am Wortanfang und -Ende in ziemlich verbundener Schrift, wie Nr. 22, 157.

Vereinfachung zeigt sich durch den Fortfall der An- und Endstriche, durch abgekürzte Worte, durch Veränderung der Buchstabenformen in drucktypenähnliche, wie in Nr. 8, 43, 53—56 u. a.

Vergeßlichkeit und Zerstreuung zeigt sich durch vernachlässigte Interpunktion, durch unordentliche Anordnung der Ränder in flüchtiger Schrift. Nr. 72, 136.

Verlegenheit ist aus dünner, unsicherer Schrift oder aus nach links zurückgesetzten i-Punkten zu ersehen. Nr. 81.

Verlogenheit. (Siehe Unwahrheit.)

Vernunft erkennt man aus wagerechten Endstrichen in ziemlich steilen klaren Schriften. Nr. 59.

Verschlagenheit verrät ein fadenförmiger, unleserlicher Schriftduktus. Nr. 55, 57, 137.

Verschlossenheit und Unaufrichtigkeit erkennt man aus durchweg oben geschlossenen Buchstaben a, g, o — u. dergl., aus Nr. 12, 115.

Verschwendung zeigt sich in sehr weiter, ausgedehnter Schrift mit breiten Rändern und viel Raum zwischen Worten und Zeilen. Nr. 32, 148, 162.

Verschwiegenheit. (Siehe Verschlossenheit.)

Versöhnlichkeit offenbart sich in ziemlich weiter oder unten abgerundeter Schrift mit flachen Bogen am Wortende. Nr. 162, 165.

Verständigkeit liegt in klarer, deutlicher, maßvoller Schrift. Nr. 59, 67—69 u. a.

Verstandesherrschaft prägt sich in steiler Buchstabenlage aus. Nr. 59.

Verstellung liegt in linksschräger Buchstabenrichtung. Nr. 60, 70, 162.

Verteidigungssinn tritt besonders durch lange Anstriche und durch zurücklaufende u-Bogen hervor in ziemlich lebhaften Schriften. Nr. 58, 157.

Vertrauensseligkeit zeigt sich in offenen Buchstaben a, o, g durch lange Endstriche oder größer werdende Wortendungen. Nr. 133.

Vervollkommnungsfähigkeit schließt man aus rechtsläufigen, lebhaften Schriften. Nr. 27, 58, 62.

Verwegenheit erkennt man aus dem Zusammen-
wirken mehrerer Merkmale aus aufsteigender lebhafter Schrift mit schwungvollen Bogen. Nr. 75.

Verworrenheit verraten alle ineinandergreifenden
Schriftzüge. Nr. 9, 15, 16, 19, 20.

Verzagtheit zeigt sich in langsamer, unsicherer
Schrift mit sinkender Zeilenrichtung und kurz ab-
gebrochenem Wortschluß. Nr. 6, 12, 76.

Vielseitigkeit ist aus — oberhalb, wie unterhalb
der Zeile — weitausgedehnten Buchstaben mit
breiten Schleifen erkennbar. Nr. 92, 93, 188.

Vorbehalt, Heuchelei oder Doppelzüngigkeit erkennt
man aus den Dominanten der Handschrift, aus
fadenförmigen oder niedrigen Buchstaben in gewundener Zeilenführung und aus abschweifenden
Federzügen. Nr. 86, 87, 138.

Vorsicht prägt sich ebenfalls durch Einschränkung
der Federbewegung, durch kleiner werdende Endsilben aus. Nr. 135.

Vorurteil spiegelt sich in schulmäßigen, ziemlich
verbundenen, etwas verschnörkelten Schriften wieder. Nr. 154.

Wagemut kommt durch steigende Linienrichtung,
durch vorangesetzte i-Punkte u. dergl. in ziemlich
eckiger Schrift zum Ausdruck. Nr. 75.

Wahrhaftigkeit offenbart sich in sauberer, sorgfältiger, schräger Schrift mit offenen u-Bogen. Nr. 21.

Wankelmut ist aus ungleichmäßiger Höhe und Lage
der Buchstaben ersichtlich. Nr. 20.

Weichheit, Schwäche und innere Haltlosigkeit zeigt
sich in runder Schrift (m und n ohne Ecken).
Nr. 165.

Weitschweifigkeit zeigt sich durch verschnörkelte Anfangsbuchstaben und durch Hinzufügung unnötiger Schleifen. Nr. 23, 24.

Weisheit offenbart sich in maßvoller, klarer, intelligenter und harmonischer Schrift. Nr. 14, 17, 59, 67 u. a.

Weltgewandtheit ist aus ziemlich fester, großzügiger und schwungvoller Schrift zu schließen. Nr. 148, 188.

Weltklugheit erkennt man aus gewundener Zeilenführung und fadenförmigen Schriften. Nr. 54, 55, 57.

Wichtigtuerei verrät sich in Hinzufügungen von Schleifchen in manchen Buchstaben in übertriebenen Schnörkeleien und aufgeblähten Zügen. Nr. 23, 24, 111—117.

Widerspruchsgeist tritt durch lange Anstriche in eckiger Schrift hervor, in Nr. 58, 64.

Widerstandskraft schließt man aus dicken, kraftvollen Schriften mit eckiger Verbindung und gerader Linienrichtung. Nr. 73, 94.

Willenskraft erkennt man ebenfalls aus druckreicher, energischer Schrift mit zunehmendem Druck im t-Querstrich und unten beim s, g, in Nr. 101, 102 u. a.

Willensschwäche liegt in dünner, kraftloser, abgerundeter, schräger Schrift mit sinkender Zeilenrichtung. Nr. 165.

Wirklichkeitssinn zeigt sich in der Ausdehnung der Buchstaben mehr unterhalb der Zeile, in breiten Schleifen. Nr. 98, 188.

Wißbegierde prägt sich in einfacher, etwas eigenartiger, beweglicher Schrift mit gelegentlichen Drucktypen und kommaförmigen i-Punkten aus, in Nr. 8, 58.

Witz zeigt sich in eckigen, ziemlich kleinen, etwas gewundenen Schriften mit langen, spitz beginnenden Anfangs- und spitz endenden Schlußstrichen, in Nr. 7, 57.

Wohlerzogenheit zeigt sich in verbundener Schrift ohne besondere Eigenart. Nr. 46, 47.

Wohlleben, Sinn für Luxus und Vornehmheit tritt in großzügigen, etwas verschnörkelten Schriften hervor. Nr. 31—37.

Wohlwollen liegt in einfacher, girlandenförmiger Schrift, sowie in nach rechts ausgezogenen Endstrichen. Nr. 45, 59, 67, 125.

Wortgewandtheit zeigt sich in spitz auslaufenden Endstrichen, u-Haken und t-Strichen, sowie in eckigen Schriften mit langen Ansätzen. Nr. 47, 57, 58 u. a.

Würde liegt in maßvoller, harmonischer Steilschrift, wie Nr. 59, 67.

Wunderlichkeit, Überspanntheit und Neigung zu Extravaganzen zeigt sich durch seltsame Buchstabenformen. Nr. 29, 30, 181.

Wut und Rachsucht kommt in eckiger, schräger und druckreicher Schrift mit dick auslaufenden Querstrichen oder in abgerissenen Zügen zum Ausdruck. Nr. 102—104.

Zähigkeit zeigt sich durch kleine Häkchen am Anfang und Ende der Buchstaben, sowie durch festgeknotete Haken am t. Nr. 36.

Zärtlichkeit prägt sich in ziemlich kleiner, abgerundeter und gewandter Schrift mit kleinen Spiralen aus, in Nr. 42.

Zaghaftigkeit. (Siehe Verzagtheit.)

Zartgefühl in Verbindung mit Takt und Feinsinnigkeit erkennt man aus ziemlich kleiner, abgerundeter, mäßig schneller Schrift mit hochgesetzten i-Punkten. Nr. 14, 17, 21.

Zartheit liegt in schwächlicher geneigter Schrift. Nr. 6.

Zerstreutheit. (Siehe Vergeßlichkeit.)

Zielbewußtes Handeln in Verbindung mit Scharfblick erkennt man aus isoliert stehenden Anfangsbuchstaben. Nr. 59, 144, 162 u. a.

Ziererei prägt sich durch allerlei Schnörkeleien und eigenartige Buchstabenformen in ziemlich eckiger Schrift aus, Nr. 68, 116 u. a., sowie durch seltsame Namensschnörkel, Nr. 110.

Zorn, sowie ein aufbrausendes Wesen gibt sich durch derbe Druckstellen, sowie durch lang emporgezogene, spitze Wortendstriche kund, in Nr. 48, 84, 118.

Zufriedenheit liegt in einfacher, gleichmäßiger, ziemlich kleiner Schrift ohne Haken. Die Schriftlage und Größe bleibt bei verschiedenem Briefformat immer dieselbe. Nr. 21, 25.

Zuneigung gibt sich durch bewegliche Schrägschrift kund. Nr. 27, 31—33 u. a.

Zurückhaltung liegt in steiler Buchstabenlage. Nr. 46, 56, 59 u. a.

Zuverlässigkeit prägt sich in sauberen, korrekten Schönschriften aus. Nr. 21.

Zuversicht ist durch emporsteigende Linienrichtung, wie Nr. 75, erkennbar.

Zuviel wollen und versprechen werden stets die Menschen, die eine steigende, dann sinkende Zeilenrichtung mit undeutlichen und ungenauen Buchstabenformen haben, wie Nr. 78.

Zwang zeigt sich durch steile oder linksschräge
Schrift. Nr. 70, 162.

Zwanglosigkeit kommt durch geneigte, rasch hingeworfene Schrift zum Ausdruck in Nr. 10, 16, 32
und in vielen anderen.*)

---

*) Um nicht ermüdend zu wirken, habe ich bei jeder
Eigenschaft nur einige Schriftbilder angegeben, in denen sich
der betreffende Charakterzug am deutlichsten wiederspiegelt.
Wer besondere Begabung für Graphologie hat, wird dann
leicht herausfinden, in welcher ähnlichen Schrift diese oder
jene Eigenschaft auch mehr oder weniger vertreten ist.

Ende.

Im gleichen Verlage erscheint demnächst:

Intelligenz und Handschrift.

(Mit vielen Schriftproben von Gelehrten, Künstlern, Schrift-
stellern, Beamten und Kaufleuten.)

Von **Elsbeth Ebertin.**

Preis Mk. 1,50.

———

Das Buch enthält gewissermaßen eine Widerlegung
des Irrtums, daß eine sogenannte „schöne" Schrift auch
auf Intelligenz oder auf einen „guten" Charakter deuten
müsse, und weist nach, daß die, die „wie gestochen"
schreiben, oft recht unbegabte Durchschnittsmenschen sind,
während die mit eigenartiger, schwungvoller Schrift mehr
Intelligenz und einen großen Ideenreichtum besitzen.
Das Buch wird auch Schriften unserer größten Geistes-
heroen und einiger Klassiker enthalten.

□□□□ **Verlag Walter Markgraf, Breslau 8** □□□□

Friedrich der Grosse

Studien und Skizzen

von

Dr. Adolph Kohut, Königlicher Rat.

Preis Mk. 2,50.

Der rühmlichst bekannte Verfasser, Königl. Rat Dr. Adolph Kohut, der bereits verschiedene Werke über den großen König verfaßt hat (wir nennen hier nur „Friedrich der Große und die Frauen", „Friedrich der Große als Humorist", „Friedrich der Große als Persönlichkeit und Charakter"), bietet uns hier eine Reihe höchst spannender, anziehender und hochinteressanter Bilder aus dem Leben und Schaffen des gewaltigen Monarchen, des Helden des 18. Jahrhunderts, der nicht allein als König, Feldherr und Staatsmann, sondern auch als Denker, Dichter, Schriftsteller und Erzieher seines Volkes Unsterbliches leistete. Die mit erstaunlicher Sachkenntnis und Beherrschung des Details, mit liebevollstem Verständnis für den königlichen Helden ausgeführten Genre-Bilder und Skizzen aus dem Leben und Schaffen Friedrichs II. sind im allgemeinen bisher wenig bekannt und in der sonst so reichhaltigen friderizianischen Literatur entweder nicht vorhanden, oder nur flüchtig angedeutet.

Nicht nur den nach Millionen zählenden Verehrern des jungen und alten Fritz, sondern auch all denjenigen, die sich für die politischen, kulturgeschichtlichen und literarischen großen und kleinen, namentlich intimen Ereignisse des 18. Jahrhunderts, in deren Mittelpunkt Fridericus Rex stand, interessieren, und für jeden Gebildeten überhaupt, der eine ebenso unterhaltende, wie anregende und lehrreiche Lektüre liebt, wird das Buch im hohen Grade willkommen sein.

⟶⟨⟩⟵

Druck von E. R. Herzog in Meerane i. S.

Druck von E. R. Herzog in Meerane i. S.

Reprint Publishing

Für Menschen, Die Auf Originale Stehen.

Bei diesem Buch handelt es sich um einen Faksimile-Nachdruck der Originalausgabe. Unter einem Faksimile versteht man die mit einem Original in Größe und Ausführung genau übereinstimmende Nachbildung als fotografische oder gescannte Reproduktion.

Faksimile-Ausgaben eröffnen uns die Möglichkeit, in die Bibliothek der geschichtlichen, kulturellen und wissenschaftlichen Vergangenheit der Menschheit einzutreten und neu zu entdecken.

Die Bücher der Faksimile-Edition können Gebrauchsspuren, Anmerkungen, Marginalien und andere Randbemerkungen aufweisen sowie fehlerhafte Seiten, die im Originalband enthalten sind. Diese Spuren der Vergangenheit verweisen auf die historische Reise, die das Buch zurückgelegt hat.

ISBN 978-3-95940-270-5

Faksimile-Nachdruck der Originalausgabe
Copyright © 2016 Reprint Publishing
Alle Rechte vorbehalten.

Made in Germany

www.reprintpublishing.com